T0196149

LECCIONES que dejaron HUELLA

LECCIONES que dejaron HUELLA

[Un libro basado en experiencias de la vida diaria de un cristiano con lecciones básicas para compartir y reflexionar.]

Esperanza Santana

Copyright © 2012 por Esperanza Santana.

Número de Control de la Biblioteca del Congreso de EE. UU.:   2012905232
ISBN: Tapa Dura   978-1-4633-2361-5
                 Tapa Blanda   978-1-4633-2360-8
                 Libro Electrónico   978-1-4633-2359-2

Todos los derechos reservados. Ninguna parte de este libro puede ser reproducida o transmitida de cualquier forma o por cualquier medio, electrónico o mecánico, incluyendo fotocopia, grabación, o por cualquier sistema de almacenamiento y recuperación, sin permiso escrito del propietario del copyright.

Este Libro fue impreso en los Estados Unidos de América.

Para pedidos de copias adicionales de este libro, por favor contacte con:
Palibrio
1663 Liberty Drive
Suite 200
Bloomington, IN 47403
Llamadas desde los EE.UU. 877.407.5847
Llamadas internacionales +1.812.671.9757
Fax: +1.812.355.1576
ventas@palibrio.com
400896

Indice

Introducción

En este libro quiero expresar experiencias que a pesar del sufrimiento, dolor o alegría, me pudieron dejar una enseñanza y una lección para mi vida y hoy quiero compartirlas contigo.

Sobretodo, sabiendo que cada experiencia en la vida, tiene un porqué y para qué, Dios nunca se equivoca.

Quiero hablar un poco de mi testimonio y sucesivamente iré contando algunas lecciones que han venido a mi vida que me han moldeado de alguna manera para usarlas dentro del ministerio y vida personal.

Recibí a Cristo como mi Señor y salvador cuando cumplí 6 años, justo el día de mi cumpleaños mi madre habló conmigo presentandome el plan de salvación, entendí completamente el mensaje haciendo asi mi decisión por Cristo. Enseguida salí a invitar a mis vecinitos a mi cumpleaños, en ese mismo momento los junte para darles le plan de salvación.

Desde paqueña he sentido que mi vida le pertenece no solo para vivir en él sino para su servicio.

La mayor parte de mi vida, considero que ha sido buena, una buena familia, buenos padres, buenos hermanos, buena educación.

Nací dentro de una familia cristiana y para mi punto de vista tuve lo suficiente en todos los sentidos.

Quiero aclarar que no por el hecho de nacer en una familia cristiana ya estas librado de todo y ya tienes la salvación. La salvación no viene en paquetes familiares, la relación con Dios es muy personal.

En el transcurso de mi vida he tenido convicciones muy claras y fuertes que me han hecho vivir una buena vida.

Sin embargo, las crisis que vienen a nuestras vidas, dependen de lo que esta sucediendo en nuestro interior en ese momento, aún mas, si las dejamos que manipulen nuestra vida.

Hablando en cristiano (como diría un amigo): Nuestra vida depende de lo que estemos permitiendo que el Espíritu Santo haga en nosotros.

A continuación quiero compartir con ustedes algunas lecciones de mi vida que me han enseñado algo, sea agradable o no, en todas he podido dar gracias a Dios por ellas porque hoy día me han ayudado a poder ser apoyo a aquellas personas que han pasado por lo mismo y apoyar a mi esposo en el trabajo dentro de la vida pastoral.

Siempre digo a todos: "Todo lo que pase en tu vida, será de ayuda para los que vienen detrás de ti". Seguramente alguno de los que esta leyendo este libro ha escuchado esta frase.

Agradecimientos

Principalmente a mi Dios, quien me acompaña cada día de mi vida dándome lecciones de fortaleza por completo y quien me ha llenado para darle sentido a cada una de ellas para el crecimiento de cada una de las aéreas que me ha permitido ser y vivir.

A mi familia.

Gracias a mi esposo Luis Felipe Acosta quien me ha tenido paciencia y amor cada instante y con quien compartí muchas de estas lecciones tan importantes en mi vida, a mis hijos: Arely, Luis Esteban y Angelica Acosta Santana que me han dado motivos e inspiración para escribir muchas cosas que me han dejado una lección como madre.

Los amo y deseo que este libro sea de ayuda para ustedes.

A mi mis padres, quien sin duda alguna sus vidas fueron dedicadas a la educación diaria y espiritual de sus hijos. Gracias por darme los valores y principios que son la herramienta clave para la vida.

A mi hermano Raúl, de quien aprendí muchas cosas en la vida, en quien pude comprobar que Dios es grande en su misericordia, gracias porque me diste muchas lecciones con paciencia y amor.

A mi hermana Mercedes quien aunque lejos de ella casi siempre, no ha dejado de animarme y enseñarme cosas desde donde se encuentre.

A mis amigas:

Tere Gómez amiga desde la infancia e hija de pastor con quien jugaba en las juntas y reuniones de nuestros padres y con quien me fui al Seminario a los 18 años, Miriam Hernández quien fue mi amiga en mi adolescencia, con quien me fui de viaje en el año más importante de mi vida porque ahí fue donde entregue mi vida al servicio del Señor, Marinéala Hidalgo quien fue mi amiga y compañera en el tiempo maravilloso del Seminario y de quien aprendí que es mejor reír que llorar, Nydia Garica, compañera del Seminario de quien aprendí a luchar y tener constancia en lo que uno quiere, Patricia Suarez, compañera de trabajo en Ecuador de quien aprendí el punto de vista psicológico de la gente y aprender a entenderla.

Rut Hernández, amiga en el Seminario quien ha sido mi amiga y hermana con quien he podido contar siempre en las actividades diarias, Alexandra Castañeda, quien me ha ayudado a sobrepasar problemas en mi vida y matrimonio.

Teresa Alfaro, Esposa de un compañero del Seminario, quien me ha motivado a explotar mis talentos y trabajar en ellos., Enedelia Madero, Estudiante del Seminario también en diferente año que yo, pero su vida ha sido una lección de lucha y amor, ella me ha motivado a escribir este libro, con ella he compartido muchas vivencias y tiempos difíciles, mi compañera de oración.

Janny Nunziato quien me ayudo con la revisión del libro, con sus oraciones y su gran ejemplo; compañera de lectura.

A todas ustedes amigas, muchas gracias.

Iglesia Hispana Nueva Esperanza, Gracias.

Lo que bien se aprende jamás se olvida.

Tenía como 5 años y solo de ver a mis padres testificar y a mis maestras de escuela dominical, yo hacia lo mismo con mis muñecos y más adelante con mis vecinitas y hasta mi dentista.

Ponía a todos mis muñecos frente a mi y les daba lecciones bíblicas y les testificaba, creo que de tanto practicarlo hasta me lo sabia de memoria.

Cada que tenia cita con mi dentista, le cantaba, le testificaba poco a poco diciéndole que Dios le ama y mil cosas mas… el se interesó finalmente y aceptó ir a la Iglesia y así continuó yendo y creciendo espiritualmente hasta que finalmente llego a ser pastor.

Esa es una bendición muy grande para mí, es decidirse a hacer lo que sabes, lo que haz aprendido y siempre traerá su fruto.

Proverbios 22:6 Instruye al niño en su camino, y aun cuando fuere viejo no se apartará de él.

Nunca dejes solos a tus hijos.

Hay una experiencia nada agradable, en la que no voy a decir nombres, pero tiene una lección de nunca dejar a tus hijos solos por ningún motivo.

Como padres, puede que nunca te pase por la mente nada negativo dentro de tu familia: pero yo aconsejo a toda familia a ir un poco mas allá de lo que vemos diariamente en nuestro circulo rutinario.

Sinceramente no se porque me quede sola en mi casa, tenia aproximadamente unos 12 años y me encontraba tomando un baño, cuando Salí, me di cuenta que nadie estaba en casa, fui a mi cuarto y me encontré con una persona que su fin no era nada bueno.

Sentí que corría por mi cuerpo algo frío y mi corazón palpitaba a mil por hora; esta persona tenia revistas con contenido pornográfico, me pidió que me quitara la ropa, pero no accedí.

Este momento fue el mas terrible de mi vida, que creo yo, causo muchos traumas y problemas en mi vida y mi matrimonio.

Finalmente no me hizo nada porque llore, pasaron otras cosas que no creo necesarias contar, pero si me "amenazo" diciéndome que cada 5 años me buscaría para ver como crecían mis pechos...

Quedo como un tipo de acuerdo contal de que se fuera y me dejara sola, corrí al baño a darme otra ducha y a llorar y llorar... hasta que llegara mi familia.

Por eso es que crecí con ese temor dentro de mi hasta que mi vida fue madurando tanto espiritual como físicamente, entonces pude romper con esa atadura en mi vida y renunciar a ese recuerdo que parecía no terminar porque sentía que me perseguía.

Hay un porcentaje muy alto en nuestro alrededor de abusos a menores; ya sea sicológicos o físicos. Abramos los ojos ante tan grande peligro!

Pensemos en que podemos evitar muchos traumas y problemas a nuestros hijos por tan solo, dejarlos solos.

Obedece cuando algo
por dentro te diga "NO"

Cuando tenía 12 años fuimos a Tampico, Mx. para pasar unas vacaciones, uno de esos días, íbamos de salida y todos comenzaron a decidir quien se va con quien y pues a mi me encantaba ir con mi hermano mayor y un amigo de la familia, lo que mas me encantaba era ir sentada en medio de los dos, era un cofre para poner cosas.

Resulta que en medio de las prisas, me dan ganas de ir al baño y les grite: "espérenme"!; pues cuando salí, para mi sorpresa, ya se habían ido, llore, me enoje e hice el berrinche de mi vida.

En un rato más, les avisan a mis papas que mi hermano había tenido un accidente y que murió.

Mi mama no podía creerlo, cuando me dijo, sentí como la sangre me corría por todo el cuerpo y me puse fría, solo de imaginarme lo que hubiera pasado si hubiera ido. Seguramente hubiera salido volando por el parabrisas, pero por un momento pensé que hubiera sido mejor eso a que muriera mi hermano. Me pasaban mil cosas por mi mente.

Enseguida fuimos al hospital a ver el cuerpo de mi hermano, para sorpresa, el que falleció no fue mi hermano, sino el otro chofer del otro carro. Mi hermana casi se desmaya de verlo, tenía la cara llena de cortaduras.

Nos llevamos un buen susto y gracias a Dios no paso nada y me guardo de tremendo accidente.

Esto me hace pensar y meditar que de cualquier manera el Señor nos avisa, nos advierte, pero muchas de esas veces no entendemos ni obedecemos.

Romanos 8:26 "Igualmente, el mismo Espíritu viene en ayuda de nuestra debilidad porque no sabemos orar como es debido; pero el Espíritu intercede por nosotros con gemidos inefables. [27] Y el que sondea los corazones conoce el deseo del Espíritu y sabe que su intercesión en favor de los santos está de acuerdo con la voluntad divina.

Convicciones para luchar.

Iba a cumplir 15 años, decidí no tener fiesta, sino un viaje con mi mejor amiga Miriam. Mi vida siempre fue muy inocente nunca pensaba mas allá de las cosas ni sus consecuencias. Todo lo iba viviendo como se me fuera presentando.

Por fin partimos a Maeva Manzanillo, un lugar hermoso para disfrutar, mi tío vive en ese lugar y con esa confianza nuestros padres nos dejaron ir.

Todo iba muy bien cuando una noche, unas sobrinas de la esposa de mi tío nos invitaron a la discoteca, obviamente, ellas no eran Cristianas, cuando menos lo pensé, mi amiga dio el "si"… le voltee a ver inmediatamente y no me dijo nada, hasta después, me dijo que no tenia nada de malo… que no pasaría nada malo.

Llego la noche y nos comenzamos a arreglar para ir, cuando íbamos a entrar nos pidieron nuestras credenciales y por un momento pensé:" Me salve!"

Las sobrinas de mi tío dijeron que éramos sobrinas de "Carlos"… todo mundo lo conocía… así que nos abrieron las puertas…

Al comenzar a entrar y ver todo el humo y la música a todo volumen… me comencé a desesperar… mis ojos me ardían mucho, no estaba a gusto ahí… de pronto mi amiga desapareció… fui al baño y mis ojos estaban como sapo! Lo único que quería era salir de ahí corriendo y así lo hice… me olvide de mi amiga y de todo y corrí y corrí hacia la playa…caí de rodillas, por un momento no veía nada.. Cuando alce la mirada, estaba rodeada de cangrejos… mi corazón palpitaba muy rápido… cuando me pare todos los cangrejos desaparecieron en unos segundos… ahí me di cuenta que mi vida era un gigante enfrentando a esas pruebas así como los cangrejos huyeron…yo era mas grande que la tentación que la vanidad, que el mundo porque tenia a ese gran hombre dentro de mi que es Cristo Jesús.

Ahí decidí entregar mi vida al Señor a su servicio, me di cuenta que mi vida no era del mundo y sus pasiones sino para El.

Eclesiastes 11:9 Alégrate, joven en tu juventud, y tome placer tu corazón en los días de tu adolescencia; y anda en tus caminos de tu corazón y en la vista de tus ojos; pero sabe, que sobre todas estas cosas te juzgará Dios.

Ser "popular"?..No es lo mejor!

Cuando uno esta en la adolescencia, quiere ser la mejor o por lo menos aceptada entre todos sus compañeros y escuela si se puede.

Regularmente fui muy tranquila en ese aspecto, pero creo que esta lección vino justo a tiempo, justo cuando mis ojos comenzaban a abrirse hacia muchas cosas, creo yo, el Señor me mando esta enseñanza.

Había tres chicos que andaban tras de mi, uno de la preparatoria, y dos de la secundaria, entre ellos se peleaban y decían cosas con tal de ganar el "puesto", de pronto la hermana de uno de ellos, viene a mi y me dice: "que tienes tu?, que es lo que te ve mi hermano", ella por supuesto quería que su hermano anduviera con una de las mas populares de la escuela, con el grupito que se metía al baño a fumar y salían con los chicos en sus carros al salir de la Escuela.

Y al ver que su hermano puso sus ojos en mi, creo que ella no podía dar crédito a que llegaran hasta pelearse a golpes por mi.

Muy enojada me dijo que ella sabia Karate y que no me metiera con su hermano porque me acabaría en un ratito; no se porque no le tuve miedo, le dije: -pues: pégame- me lanzo una patada en el estomago, de pronto, le tome de las manos y le hice hacia atrás los dedos hasta que ella me pidió que la deje. Le dije: me vas a dejar? - Y me contesto: Si!, si-.

Creo que fue suficiente y cada una se fue a su casa, ese día mi hermano le contó a mi mama lo que paso en la escuela, me regañó y de mas.

De ahí en adelante me sentía desconcertada, no sabia en realidad era bueno ser popular y tener un rango como para tener quien me defendiera, no sabia si tuve culpa o no, me senté en una banca a comer mi "lunch" yo sola, y en la banca de a lado estaba un grupo de chicos que eran los mas latosos de la secundaria, solo estaba escuchando lo que decían.

Ellos hablaban de las "chicas", uno de ellos era novio de la mas "popular" de la escuela, le preguntaban los demás que como le iba con "Mónica", el respondió: "Bien, pero solo es para el vacile, ni crean que la quiero; cuando me case ahí quiero a alguien que sea virgen y no haya andado con miles de chavos".

Todos opinaron de la misma forma: "todo lo que pase ahora es puro vacile, luego ya hay que sentar cabeza"

No podía creer lo que esta escuchando, ahí pude darme cuenta que no vale la pena el ser la popular y darse a desear por los demás, perdiendo tu dignidad y valor con el tiempo y a la final terminar sola.

Al poco tiempo expulsaron a "Mónica" porque salio embarazada.

En ese momento pude darme cuenta de lo importante que es tener convicciones fuertes en la vida y dar ejemplo de lo que uno cree y sostenerlo hasta el final.

Actualmente, después de 29 años, contacte a algunos compañeros de ese entonces, es raro, pero entre mi lista de amistades esta mi compañera con la que pelee, ahora comentamos y nos reímos.

Pero algo que me llamo la atención, es que en su mente quedo algo positivo, que yo era Cristiana y que mi papa era pastor; otro compañero recuerda que era muy tranquila y no me metía con nadie.

Finalmente, puedo dar gracias a Dios que no me recuerdan como alguien "popular" o "loquita" no creen?

"Si Dios contigo, quien contra ti?"...

Hay cosas que parecen ser buenas pero aun no son las que Dios tiene para ti.

Antes de llegar al Seminario conocí a un muchacho que me veía todos los días en la parada de mi autobús, era guapo y atractivo, sin embargo mis convicciones no me permitían dar pie a nada que estuviera fuera de lo que Dios quería para mi vida.

El tenía un negocio de compra de oro, así que tenía a chicos casi siempre repartiendo sus folletitos, pero un día el estaba ahí y me dio uno de los folletos, así que yo le dije: yo tengo uno para ti y le di un plan de salvación y me fui.

El domingo que lo veo en la Iglesia! Casi se me baja la sangre... como llego ahí? Hablo directamente con mi padre y recibió a Cristo, pero no sabia como es que llego a la Iglesia, recordé que la dirección estaba atrás del folleto.

Continuo asistiendo a los jóvenes, los domingos y todo comenzó a ir muy bien, saliendo de la escuela me saludaba, cuando un día del amor, nos invito a todos a comer, si, toda mi familia, lo mas chistoso es que fuimos todos, se llevaba bien con mis hermanos, nos regalo a las tres mujeres una flor y unos aretes de oro.

Perfecto no?, hasta ese día yo no podía decir que tenia interés en mi... no me había demostrado nada especial a mi.

Un día hablo con mi papa diciéndole que tenia interés en mi y le pidió permiso para hablar conmigo y mi padre le dijo que si, después mi papa hablo conmigo y yo no podía creerlo.

Un par de veces saliendo de la escuela me llevo a mi casa, seguía yendo a los jóvenes, todo mundo decía que éramos la pareja perfecta, etc.

Me llego mi respuesta del Seminario diciéndome que estaba aceptada y pues tenía que ir sacar la visa y arreglar todos los trámites para mi salida.

Un día saliendo de mi escuela, me esperaban en la parada del bus dos chicas de negro y una de ellas con un cuchillo, me dice una: tu eres Esperanza?

Si – le respondí- en eso, no se como se apareció el autobus justo frente a mi, abrió sus puertas para que me subiera y así lo hice.

Me dice el chofer: la querían asaltar verdad?, me quede muda...y con dudas de quien seria esa chica.

Al día siguiente no lo vi., y después vino el fin de semana y no fue, me preocupe, y fuimos a verlo mi hermano y yo a su casa, el hablo con el y cuando se sube al carro me dice: es mejor que el hable contigo.

Me moría por dentro, quería saber que había pasado, no podía esperar hasta el lunes para irlo a buscar.

Cuando fui a verlo, estaba sin afeitar y con muletas, estaba muy triste, solo me decía: "perdóname, perdóname" y e dije: de que te tengo que perdonar? Dime de una vez que pasa?.

Me contó que tenia una ex novia lo fue a buscar y lo sedujo. Se me salieron las lagrimas y le dije: No podías decir que no? Que se saliera o algo?, me dijo: esque no conoces de lo que es capaz, ella tiene la misma libertad de entrar a la casa de mi hermano porque es hermana de mi cunada, y esta embarazada... y su papa me busco para casarme con ella.

Solo le dije que el ya sabia el secreto de la felicidad y que la llevara a Cristo para que tenga un hogar feliz y me fui.

Nunca más lo volví a ver...

Jeremías 29:11 Porque yo sé muy bien los planes que tengo para ustedes —afirma el Señor—, planes de bienestar y no de calamidad, a fin de darles un futuro y una esperanza.

Dios te usa de la manera que menos te imaginas.

Al saber que mi hermano se había alejado del Señor, vino a mi, mucha tristeza. Estuve orando para poder saber de el.

Un día me llego una carta de el en el tiempo del seminario donde me decía donde se encontraba y me pedía de favor que no les dijera a mis padres…

Después de haber orado, me decidí ir a visitarlo en cuanto saliera de vacaciones.

Me dirigí a México y de ahí salí donde estaba el, cuando llegue casi no platicamos mucho puesto que el sabia que su condición espiritual no era buena. El trabajaba en un periódico, así que trabajaba de noche. La primera noche me pregunto si quería ir para que conociera, le dije que si… así que esa noche pase con el en el trabajo y conociendo todo lo que el hacia que sin duda, era muy interesante. No hablamos de nada más.

Realmente no tengo en mi mente ninguna activad en el transcurso del día siguiente. La próxima noche decidí quedarme en casa. Esa noche le dije que si podía orar por el, se río y me dijo: "Como quieras". Le dije que porque era así, que no esperara hasta que el Señor bajara su mano y tratara con lo que mas el quería, que si se imaginara si le pasara algo a mis padres… No digas eso - me respondió- Ore y nos dormimos.

Solo recuerdo que cuando me desperté estaba mojada mi cama y no por algún accidente mío… había llovido toda la noche y había goteras, así que quise bajarme de la litera y al bajar todo estaba inundado… pero inmediatamente me agarro la corriente eléctrica y trate de levantar del piso un cable que caía al piso y provocaba la corriente.

Cuando lo agarre, el peso de los conectores se me pego en la mano y provoco una gran descarga eléctrica y caí al suelo inmediatamente... todo esto sucedió muy rápido.

Cuando caí, mi hermano se levanto rápidamente (esto no supe hasta que el me lo contó) y fue hacia mi tratando de hacer que vuelva en si, mi corazón por un momento se paro, de repente abrí los ojos y le vi a el, no lo escuchaba solo lo veía como en cámara lenta... que me decía: "llora... llora..."

Pero no podía, de repente pude respirar y me abrazo diciéndome que ahora sabia porque el Señor me mando, me pidió perdón y de ahí tuve que viajar a México porque el tenia que seguir trabajando, mi ropa se mojo toda, así que me puse ropa de mi hermano, no sé que parecía, finalmente llegue a México y al ir al doctor, dijo que no se explicaba como soporte tal descarga eléctrica...

Yo si sabía.

"Al ver Jesús la fe de ellos, dijo al paralítico: Hijo, tus pecados te son perdonados" (Marcos 2:5).

Es mejor dar que recibir.

En mi año practico en el seminario, pusimos en oración el ir a Sonora unas 10 chicas… finalmente llego el día y como siempre pasa, el grupo se hizo mas pequeño… quedamos 4. Salimos para Sonora Raquel y yo, los papas de Raquel trabajaban allá en el orfanatorio. Las otras chicas nos alcanzarían allá, (por cierto, llegaron estuvieron un día, se arrepintieron y se fueron). Llegamos de noche y no teníamos como llegar y no había gente en la calle, finalmente pasa un carro y toca el claxon diciéndonos a señas si nos subimos.

Le digo "NO" y me amiga me dice: Esos son los taxis aquí!!! Así que se fue. Lo perdimos por mi culpa, pasaban las horas y nada.

No había otro. Tratamos de llamar a ver si alguien iba por nosotros pero no; así que el Señor nos mando otro taxi por misericordia. (Ahora pienso que a la mejor era el mismo).

Pues así llegamos al orfanatorio.

Dormimos y al siguiente día nos dimos cuenta de todo el trabajo que nos esperaba. Teníamos a nuestro alrededor a un montón de niños, nos dimos cuenta que no tenían ninguna actividad preparada ni nada, sus cuartos eran un desastre, los baños estaban para llorar, afuera había una montaña de ropa sucia, pero montaña literalmente hablando!

Los niños sucios y con muy malos hábitos, con piojos etc. Realmente los padres de mi amiga ya eran grandes y solo les hacían de comer y ya, el trabajo era demasiado pesado para ellos.

Comenzamos a saludarles y ver cuantos eran y ver lo que teníamos que comenzar a hacer. Contamos 65 niños entre mujeres y hombres y un bebe, la mayor de las niñas tenia 12 años.

Comenzamos por hacer grupos de limpieza y a darnos valor para hacerlo junto con ellos, cada cuarto tenia bañó y en cada uno dormían dos a cuatro niños.

Así que junto con ellos comenzamos a acarrear agua para lavar esos baños, casi nos moríamos del asco, pero seguimos adelante, les ayudamos a limpiar sus cuartos haciendo un concurso a ver quien arreglaba mas lindo su cuarto, parecía algo de nunca acabar, pero lo logramos.

Luego me puse a rapar a todo mundo, no podíamos sacarles piojos uno por uno. Se bañaron y vimos que había un cuarto bajo llave con infinidad de ropa y zapatos nuevos. No se los daban porque no cuidaban las cosas, pero tampoco hubo nadie que les enseñara nada. Los baños no tenían agua porque estaba cerrada la llave de paso y como escaseaba el agua y sin previa educación para los niños, tuvieron que llegar a ese extremo, así que la abrimos para que comenzara a funcionar todo normalmente.

Todo parecía ir tomando forma. Ahora a comenzar a darles lecciones de educación e higiene, clases bíblicas con un horario establecido, una hora para comer, para dormir, etc.

Un día fui al pueblo a traer cosas para los niños para hacerles de comer, el pueblo estaba a dos kilómetros de donde estábamos, y la única forma era ir caminando.

Cuando iba llegando, veo que todos corrían hacia mi; por un momento pensé que era por alegría de verme. Se trataba del "cheto" el bebe de todos los niños, tenia 8 meses.

Todos gritaban: "el cheto", "el cheto" se murió!!!

Deje las bolsas y corrí como pude donde estaba, estaba en la cocina sobre la mesa, tenia su estomago inflamado y los ojitos para atrás. Fue la impresión más fuerte que había vivido hasta ese momento. Creí tener en mis brazos a alguien muerto!.

Corrí hacia el pueblo nuevamente mientras dejaba órdenes a los niños que lleven las cosas a la cocina y que les avisen a los papas de Raquel lo que paso.

Llegue como pude a la clínica del pueblo y ahí le vieron, le lavaron el estomago porque al parecer lo intoxicaron, al rato llego un pastor con la hermana de Raquel con una mamila que le preparo la niña mas grande de todos. Le dio una mezcla de cosas entre chile, alcohol, pino para trapear, etc. que provoco casi su muerte.

Ahí lo tuvieron con suero hasta que se recupero y luego lo tuve en casa como si fuera mi bebe... lo cuidaba, lo bañaba, le daba de comer, etc.

Después trate de investigar que paso y porque hizo eso la chica de 12 años.

Ella dijo que fue por celos, que ahora el bebe tenia toda su atención.

Decía que todo mundo la rechazo; sus papas, sus amigos, que nadie la quería y esa noche se escapo del horfanatorio y no regreso.

El agua que había para mi, se la di al bebe, yo no me había estado sintiendo bien, creo que esas caminatas bajo el tremendo sol del desierto me deshidrataron. Tuve que recibir suero también.

Esta experiencia me enseñó que vale más dar que recibir, ese verano di todo de mi y me sentí muy satisfecha de eso.

"En todo os he enseñado que, trabajando así, se debe ayudar a los necesitados, y recordar las palabras del Señor Jesús, que dijo: Más bienaventurado es dar que recibir". Hechos 20:35

(La siguiente lección es continuación de este viaje).

Dios nunca te deja…

Al terminar el verano practico y regresando con una gran lección de amor, entrega y supervivencia, llego el día de partir.

Llevaba conmigo una maleta mediana, una en la espalda y una en la mano. Investigue donde y como salen los autobuses para México, me dijeron que no hay autobuses, solo un tren que me llevaba a Hermosillo y si quería podía seguir en tren hasta Guadalajara. Visto que mi bolsillo era muy escaso de dinero y contaba con ocho pesos, me pareció que era una buena solución seguir ahí hasta Guadalajara.

Solo que el Señor que me llevo no me dijo que el tren no se paraba hasta que los pasajeros suban.

No me imagine como hacerlo, pregunte y me dijeron que tenia que lanzarme como podía, se me bajo la sangre hasta los pies, tratando de pensar en unos segundos como le iba a hacer yo sola para subirme y subir mi equipaje. El tren ya venia y tenia que tomar una decisión YA!, el siguiente tren pasaría al siguiente día en la tarde, no podía regresarme otra vez.

Así que me prepare con la maleta en mi espalda, y la otra la deje en el piso mientras corría a la velocidad del tren para lanzar mi maleta pesada, regresar por la otra y lanzarla también y luego ver como me lanzaba yo! Finalmente me subí y cuando subo la vista, mucha gente, había gallinas, bultos de arroz, no había asientos, tenia que buscar mi rinconcito hasta llegar a Guadalajara.

Pasaron algunas horas y el hambre comenzó a llegar a mí, cosa que ni siquiera había pensado ni siquiera previsto. Tenia que guardar ese dinero porque es lo que pagaría de Guadalajara a México en autobús.

Llegamos a unos pueblitos y entraba gente con cosas para vender. Quesadillas, tamales y un montón de cosas que se me antojaban, pero no... no tenia que comprar nada.

Llego la noche y si que hacia frío, eso nunca preví, no llevaba ningún suéter, venia de Texas que era caliente, estuve en Sonora que era desierto, y si llevaba un suéter era mas carga para mí.

Me moría del frío, saque de mis maletas blusas para ponerme encima y meter mis brazos, pero aun así me calaba el frío en la madrigada, el viaje hasta Guadalajara era de tres días. No sabia como le iba a hacer, solo quería que pasara el tiempo.

Mientras avanzabamos, la gente se iba bajando y quedaba mas espacio, aun los vagones de adelante tenían lugar para sentarse, así que unas señoras me dijeron que me sentara ahí. Para mi era como cambiar a primera clase!. En el viaje platicaba con un Señor que hasta llevaba sombrero y traje, era muy humilde, pero era de ese tipo de personas conservadoras.

Con la platica supo que fui de estudiante a ayudar a un orfanatorio y no llevaba mas dinero, el se paro y se quito el sombrero y comenzó a decir a todos que yo no tenia dinero y que no me había visto comer en todo el viaje y la gente comenzó a dar dinero, de lo poco que ellos también tenían porque si estaban viajando ahí era porque obviamente no tenían dinero.

El Señor junto como cinco pesos, su gesto se me hizo tan caballeroso, tan generoso. Pues con ese dinero estaba esperando la próxima parada para comprarme algo!!

Se me hizo eterno, pero finalmente subieron unos señores con paletas heladas, unos como buñuelos, y ya, no me compre nada. Hasta ese momento no había ido al baño, y pensé que si comía tendría ganas de ir al baño y donde? así que no compre nada.

Unas horas mas tarde ya era de noche, se siente una sacudida y un gran ruido que nos asusto a todos.

El tren choco con otro de frente, no se porque ni las causas ni nada, solo nos dijeron lo que paso y que ahí nos quedaríamos. Se quedo parado el tren no se cuanto tiempo hasta que safaran el vagón afectado lo llevaran y trajeran otro.

Eso quería decir, que el día que supuestamente llegaríamos a Guadalajara no iba a ser.

Finalmente paso el tiempo como cuatro días y medio, y cuando todo mundo baja del tren pregunte que en donde estaba la terminal y me dijeron que estaba a media hora de ahí, acababan de construir una nueva terminal mas lejos. Cosa que no estaba en mis planes, ya que tendría que tomar un taxi para la terminal y no se cuanto cobraría.

Me baje toda débil y cansada con ganas de ver a alguien conocido o de estar en México de una vez por todas, pero aun faltaba un rato mas.

Pregunte a un Señor que no se veía tan humilde entre la gente que no lo había visto en el tren, que como cuanto cobraría un taxi para la terminal y me dijo ocho pesos.

Era justo lo que tenia y un poquito mas, de todas maneras no me alcanzaría para el boleto después, así que me dijo que el iba para allá, que solo iba a pasar por su mama y su tía para llevarlos a la terminal que si pudiera esperar.

Pues me encomendé a Dios y le dije que si. No tenía otra opción. Efectivamente paso por su familia y ya nos fuimos a la terminal, en el camino les platique un poco lo que hice y todo eso, no con detalles porque no tenia ni ganas de hablar.

Lo único que le dije fue: "Fui a un orfanatorio a hacer mi "servicio practico" y que venia de un Seminario y cosas así a grandes rasgos.

Llegamos y nos sentamos para esperar y el me pregunto para donde voy y le dije que para México, me dijo que me esperara ahí, regreso con el boleto una deliciosa y exquisita torta y un frutsi y me dijo: "Que Dios te bendiga", espero que me subiera al bus y se fue.

(La siguiente lección continúa en el mismo viaje).

No hay otra cosa más, que confiar en Dios.

Al subir al bus, sentí que era el paraíso, por fin podría viajar cómoda y tranquila, pronto llegaría a casita!

Me senté en mi asiento y después de un respiro profundo para descansar y dormir, llega un señor y me dice que ese es su asiento, le dije que no, que me enseñara su boleto y no me lo enseño, solo de una manera prepotente y grosera quería que me quitara porque quería sentarse al lado de sus amigos.

Pues como no me quite, se dedicaron a hacerme el viaje de cuadritos, iban tomando y molestándome, me pare y le dije al chofer lo que me estaban haciendo y dijo que no podía decirles nada porque si no, se los echaba encima…

No tenia ganas de pelear, así que le dije que me iba a sentar en los escalones de la entrada, ahí me senté por un par de horas cuando me comenzó a dar frío y un tremendo dolor de espalda. Trate de aguantarme lo mas que pude pero ya no pude mas y le dije que me iba a acostar en el pasillo, ya no me importaba nada. Me dijo que si quería podía abrirme abajo donde se duermen ellos (los choferes) para que me recostara, como lo único que quería era estirar mi espalda pues no lo pensé, solo le dije que si. Pues detuvo el autobús y me abrió y le dije: "Oiga, pero me abre he?? No se le olvide que estoy aquí".

Faltaban como dos horas para llegar, cuando de repente, me dan ganas de ir al baño….ufff…..! No podía ser… lo único que quería era dormirme y ya llegar… así que trate y trate de dormirme cuando de repente escucho mas carros, cláxons, ya había llegado a México!

Oigo la típica vocecita de la que anuncia las salidas de los autobuses, mi corazón se comenzaba a emocionar mas y mas de pronto me viene a la mente:" Que tal si no me abre?", " Y si me lleva a otro lugar par hacerme algo?".

Ahí supe lo que era verdaderamente confiar en el Señor. Me deposite completamente en sus manos, le dije: Bueno Señor, en este viaje haz estado conmigo y me lo haz demostrado, así que manifiéstate otra vez por favor!"

Yo sabia que mi Señor no me iba a decir: "Ahí tienes por andar de confiadota"…" Para que no ande confiando en nadie".

Así que solo cerré mis ojos y comencé a escuchar pasos arriba, que quería decir que ya estaban bajando los pasajeros, entonces cuando ya no escuche a nadie, dije: ahí me va a abrir a mí.

Y nada… y nada… y comience a gritar "Ey!!! Señor!!

Y que prende el autobús nuevamente y ahí me vino mas la desesperación y comencé a ver que cables le desconectaba y a ver que hacia.

Avanzo un poco mas y se volvió a estacionar para abrirme, en cuanto me abrió luego, luego salí corriendo y le dije que porque no me abría? Me dijo que por seguridad porque a el lo podrían regañar por haberme dejado ir ahí, y pues si es verdad.

Así que corrí a ver mi equipaje y mi papa ya se había asustado al no verme entre esa gente que llegaba de Guadalajara.

Ya estaban preocupados porque mandaron a un hermano de Guadalajara que fuera por mí a la terminal y vio que no llegue. Le llamo a el, preguntaron y pues la única esperanza era que llegara en ese autobús y al no verme se preocupo mas.

Pero finalmente les conté toooooooooda la historia pero después de unas horas de dormir y darme un baño.

Josue 1:9 "Mira que te mando que te esfuerces seas valiente, no temas ni desmayes, porque Jenová tu Dios estará contigo en donde quiera que vaya".

Nunca busques a nadie antes que a Dios.

Estando en el Seminario, las pruebas comienzan a venir al por mayor, tuve muchas amistades muy buenas, una de ellas es Fran Nocol la enfermera,

Era el paño de lagrimas de todo mundo, un problema y corría a llorar a su casa, que una mala noticia, corría a su casa, hasta que un día, yendo hacia su casa sentí como el Señor me hablo claramente: "Esperanza, porque vas corriendo a otras personas esperando que te escuchen cuando me tienes a mi todo el tiempo?", "Cuando vas a aprender la lección?", " La lección no son las pruebas que te estoy mandando, sino que aprendas a buscarme a mi antes que a los demás." "Cuando hayas aprendido la lección, ve y comparte lo que he hecho por ti" No seas carga para la gente, aquí estoy yo para llevar tus cargas".

Así que me dirigí hacia un árbol que hay al final del plantel y me arrodille a llorar y pedirle perdón.

Aunque han pasado muchos años, esta lección quedo tan grabada en mi mente que al pasar por un tiempo de angustia en el que uno de pronto desea buscar a alguien a quien ir a contarle lo que pasa,siempre esta en mi mente al Senor esperandome para platicar.

Es una satisfaccion muy grande el contar con mi Dios.

"Porque Tú has sido mi ayuda, Y a la sombra de Tus alas canto gozoso". Salmo 63:7

No te aferres a lo que no es tuyo.

Mi adolescencia dentro del Seminario la considero muy buena, pero si nos ponemos a hablar de amores, ahí entraríamos en cosa seria.

Tuve una relación de casi tres años entre sufrimientos y dolor, creo que más que amor, fue costumbre o deseos de no estar sola, sentir que alguien estaba ahí, cerca de mí.

Mis padres no estuvieron de acuerdo en esta relación; por más que se trato, no hubo nada que pudiera demostrarles a ellos que el me amaba.

Pasaba el tiempo y no surgía nada serio, lo único que parecía era que se formaban mas peleas y divisiones, "malos entendidos", no se como podía soportar estar así… me la pasaba llorando.

Pero el tiempo corría y creo que sentimos presión a tomar una decisión.

Íbamos a graduar y teníamos que quedar en algo.

Ahora creo que el Señor tenia un plan para mi vida, hubiera cometido un grave error, hubiera decidido irme con el.

A pesar que no me decían buenas cosas de el, nunca creí ningún comentario negativo.

No lo quería soltar aun sabiendo que no provenía del Señor.

Creo que por no soltar eso que no era mío, no disfrute lo que puede haber disfrutado mi estancia en el Seminario, aun así, le estoy muy agradecida al Señor por haberme permitido vivir todo lo demás y mostrarme justo a tiempo que el, no era para mi.

Muchas veces tomamos malas decisiones por el "que dirán", o simplemente por no tener la certeza de lo que Dios desea para nuestras vidas, queremos "ayudarle" a Dios a decidir con quien hemos de casarnos.

Nunca mas supe mas de el hasta ahora.

Cuando hacemos lo que Abraham hizo con su hijo amado Isaac, el Señor obra grandes cosas.

Entregando toda carga, toda ansiedad.

"Depositando toda nuestra ansiedad sobre él, porque él tiene cuidado de nosotros". 1Pedro 5:7

Ceder es la clave!

Conocí a mi esposo en el Seminario Bíblico donde ambos estudiamos, a primera vista me llamo la atención su porte; era un hombre seguro de sí mismo, y convencido de tener una distancia con los demás.

Compartimos algunas pláticas no muy profundas, pero así comenzó nuestra amistad, convirtiéndose cada vez más interesante por supuesto.

Su vida siempre fue para mí una bendición, aun conservo sus cartas, eran de ánimo, siempre viendo que cumpliera yo con mis obligaciones, que estudiara, me compartía versículos, etc.

En ese año pude tener una cercanía con él, muy grande, impresiónate; a tal grado que no deseaba dejarlo nunca.

Llego el día de partir, yo ya había graduado y regrese por unas horas que me hacían falta; yo Salir a México y el a Canadá, no sabíamos que sería nuestro futuro.

Estando yo en Ecuador con mi mejor amiga Marinéala, llego Luis a su país, así que comenzamos a vernos y después de un tiempo que no queríamos que sucediera, teníamos que decirnos adiós.

Me imagino que él estuvo pensando y pensando que podía hacer para no dejarme ir!.

Uno de esos días, me pidió que me casara con él, en mi mente daba vueltas y vueltas que tenía que hacer…cual era la manera correcta de hacer las cosas ya que estaba lejos de casa y mis padres eran muy estrictos en esos temas.

Recuerdo haber pasado tiempo orando por esto, pero ahora puedo ver que cuando uno desea algo, quiere escuchar lo que quiere, no lo que debe hacer.

Así que mi respuesta fue Si. Planeamos la boda por el civil y estaba en proceso la boda por la Iglesia, obviamente mis padres no estaban incluidos en esta participación porque yo sabía que su respuesta seria un rotundo NO a pesar de que no era una jovencita.

Mi mente y mi conciencia no estaban tranquilas, así que quise ir a ver a mis padres para hablar con ellos; Le dije a Luis que quería ir a hablar con ellos y me dirigí a México solo por unos días, tenía que regresar a media semana porque la boda nos esperaba.

Llegue a México, cuando vi la cara de mis padres, supe que las cosas no estaban bien; en el camino había un gran silencio y en mi cabeza daba vueltas un tremendo signo de interrogación.

Ahora no recuerdo detalles de lo que sucedió después que llegue a casa, lo único que me daba cuenta, era que lo que hice no fue una gracia.

En mi mente por supuesto estaba qué lo que había hecho estaba bien, amaba a Luis y decidí casarme.

Pasaban los días y yo tenía que regresarme para los preparativos de la boda, pero como veía las cosas en casa, parecía que no saldría nada bien.

Se junto la familia y entre juicios y opiniones, decidieron que no regresaría más a Ecuador. Estuve en casa en mi cuarto llorando, pensando que debía hacer, mi esposo me esperaba en Ecuador con todo para casarnos por la Iglesia.

No podía hacer llamadas telefónicas ni recibirlas, solo escuchaba a mí mama decirle a Luis: No llames más.

Me sentía secuestrada, encerrada, no podía hacer nada; hasta que me vi de frente con Dios, me sentía confundida, creía haber hecho lo mejor de acuerdo a mi "madurez".

Lo único que venía a mi mente es que pase por alto la autoridad de mis padres y su bendición. Que podía hacer ahora?.

Llego el sábado, el día de nuestra boda, Luis estuvo sentado afuera de la Iglesia esperando a la gente para disculparse con aquellos que no pudo comunicarse, se sentía desilusionado, confundido, no había podido hablar conmigo para escuchar de mis labios que lo amo o que lo deje de amar.

Pasaron los meses cuando se escucha el teléfono, era Luis, mi mama le dijo: ella ya no te ama, no llames más- Luis solo le dijo: Solo dígale que los exámenes salieron positivos, ella está esperando un hijo mío.

Mi madre no supo qué hacer ni yo tampoco!, llamo a la familia a una junta, estoy segura que paso por sus mentes el deshacerme del bebe.

Tenía emociones encontradas, estaba alegre, pero triste a la vez porque no era lo que deseaba para mi vida!, yo ya estaba casada y amaba a Luis y Luis a mí, deseábamos vivir juntos y formar una familia normal.

Las cosas se complicaron cada vez más mientras mi embarazo avanzaba, los bellos momentos, aun los difíciles, no podía compartirlos con el hombre de mi vida.

Pasaron seis meses cuando alguien toco la puerta y era Luis con una caja grande llena de ropita y cobijas para el bebe. Mi mama la recibió y nada más; no pude intercambiar palabra con él.

El llego a México para aclarar lo que ocurría y si era verdad que no lo quería. Sobre todo, el iba por mi ya que ya estábamos casados por el civil. Todo mundo le decía que fuera por mí, tenia todo el derecho del mundo de hacerlo.

Luis llego con una familia de un estudiante del Seminario, ellos no le conocían y aun así, le tendieron la mano confiando en el.* Ellos le apoyaron inmensamente, ahí estuvo hasta que nació mi bebe.

Estando en el hospital con fuertes contracciones, eran como las diez de la noche, cuando siento unas manos sobre mi pancita, voltee y era el!, como entro?, ya no eran horas de visita obviamente.

Automáticamente mi dolor se hizo menor en el momento que lo vi, el no me había visto embarazada, fue el único momento que pudo verme. Recuerdo que lo único que le dije fue: Te amo, nunca lo olvides, nunca creas de nadie otra cosa si no sale de mis labios.

El guaria le permitió entrar cuando vio su angustia en sus ojos al contarle que acababa de llegar de su país y no me había visto en todo el embarazo.

Tuvieron que hacerme Cesárea en los últimos dos minutos porque el corazón del bebe se había parado; paso el tiempo y en el momento que vi a mi bebé me volvió la vida. Ahora tenía alguien a quien darle mi corazón.

Así paso el tiempo hasta que le dije a mi familia que mi bebe no era un bastardo, que Luis en todo momento ha estado al pendiente de mi, que no era el típico cuento de la adolescente que queda

embarazada y la abandona su novio. El estaba ahí, dispuesto a dar todo por el todo por nosotras.

Finalmente mi papa hablo con Luis, le dijo: Vete a tu país, arreglara todo desde salero hasta cortinas y yo te las mando.

Me imagino que el coraje de esposo y padre ya no podía mas, el solo quería que estuviéramos juntos y entre consejos, sus propios pensamientos y deseos, tomaría la decisión de ir por nosotras y punto.

Recuerdo que al no poder hablar con él, lo único que le dije un día que llamo, fue: Amor, sé que es difícil que me entiendas, pero quiero que solo te sometas y obedezcas lo que mi papa te diga. Veras que Dios bendecirá nuestro matrimonio si lo hacemos así.

Obviamente se le hizo absurdo mi pensamiento, tal vez el deseaba otro tipo de palabras como: Vámonos de aquí mi amor, llévame contigo, etc.

Y si lo deseaba, por supuesto, pero sabía que Dios pondría su bendición sobre nosotros al ceder nuestros derechos y no pasáramos más las autoridades, ese sería el primer principio aprendido en nuestras vidas.

Así que no muy convencido, obedeció las órdenes. Tomo sus maletas y se dirigía a Ecuador; estando en la fila para abordar, se acerca la señorita y le dice: Disculpe, ya no caben más personas en este vuelo. Ecuatoriana de Aviación quebró, así que ya no podrán volar.

Yo me encontraba en mi cuarto llorando, preguntándome que sería de nosotros, cuánto tiempo más pasaría.. Cuando suena el teléfono; era Luis hablando con mi papa para decirle lo ocurrido, mi papa le dijo que se fuera a su oficina y que ahí hablarían.

Mi corazón salto de alegría!, sabía que Dios obraría en el momento en el que nosotros cederíamos nuestros derechos. Y así fue.

Esa noche, hablaron entre ellos, Wilson Campoverde vendría a dar unas conferencias, así que sería un buen tiempo para que el nos casara.

Cuando lo supe, no podía creerlo!, mi corazón estaba lleno de alegría, sabía que el Señor había tenido misericordia y obraría en nuestras vidas, sin duda aprendí a someterme a Dios a mis autoridades y a confiar El plenamente.

Entre las hermanas de la Iglesia se pusieron de acuerdo, unas me hicieron mi vestido, otras cocinaron, yo solo recuerdo un episodio en cámara lenta, el momento en el que me dirigía a mi esposo después de un año de no vernos, fue el momento más feliz de mi vida junto con el milagro de vida a nuestro lado. Nuestra hija Arely.

Estoy convencida que nuestro matrimonio ahora es fuerte gracias a ese tiempo difícil, a esas lecciones y sobre todo, a ceder nuestros derechos.

Pudimos pasar horas discutiendo quien sufrió más la soledad junto con las aventuras de sobrevivencia; pero decidimos no hablar más de ello y que nuestra vida comenzaría desde el momento que el Señor nos unió con la bendición de nuestros padres.

Indudablemente me hubiera encantado haber aprendido esta lección de una manera muy diferente, pero confirmo una vez mas que los caminos pueden ser enderezados una vez que reconocemos a Dios como el Único soberano Dios ante toda situación y entregándole nuestras vidas en su totalidad.

*Isidro Zepeda, Josué Muñoz y familias, a quienes estaremos eternamente agradecidos por su apoyo incondicional y amistad verdadera.

Isaías 55:8 Porque mis pensamientos no son vuestros pensamientos, ni vuestros caminos mis caminos--declara el SEÑOR.

Nuestros afanes se pueden convertir en pesadilla.

Estando en Ecuador, fuimos a sacar documentos para los niños para salir del país, de paso fuimos a sacar mis lentes a una óptica que estaba cerca.

Luis se bajo del carro para ir a retirarlos, yo estaba embarazada y mis dos hijos estaban atrás en el carro, les dije que se bajaran a sacudir los tapetes del carro, estando en eso, pasan unos muchachos medio mal vestidos y sospechosos, en mi mente decía que algo no estaba bien, pero no podía pensar en cual seria su plan.

Pasaron cerca del carro y tiraron unas llaves; me dice uno: No son de usted?, yo estaba muy confundida tratando de ir mas allá de su plan para no caer en el.

Mientras yo le veía a el, los otros sacaron de atrás del carro (ya que estaban abiertas las puertas) mi bolso que estaba a lado mío.

De pronto, les veo que se echan a correr y volteo a ver a mis hijos a ver si estaban bien y les decía a ellos: Están bien?, que hicieron? Y ellos no sabían que paso. Todo fue tan rápido.

Cuando me di cuanta, me fije que se llevaron mi bolso, les pregunte a mis hijos si no se dieron cuenta y ellos me dijeron que no.

No podía creer que capacidad tiene esta gente, desarrollan un tremendo sentido para hacer sus fechorías.

Esa noche lo único que pensaba era si se hubieran llevado a uno de mis hijos me hubiera vuelto loca y sentido muy culpable.

Por eso digo: Nunca dejen abiertas las ventanas a menos de cinco centímetros, con seguro en los carros. En estos tiempos todo puede suceder.

Pero lo peor es pensar que por mi afán de tener el carro limpio, expuse a mis hijos a ser raptados o algo mayor.

Muchas veces descuidamos las cosas importantes por las que no lo son, aprendamos a organizarnos y poner en prioridad lo que es importante realmente.

Por nada estéis afanosos, sino sean conocidas vuestras peticiones delante de Dios en toda oración y ruego, con acción de gracias. Y la paz de Dios, que sobrepasa todo entendimiento, guardará vuestros corazones y vuestros pensamientos en Cristo Jesús." Filipenses 4:6,7

Nunca creas que lo que estas viviendo no es bueno ni justo.

En la vida uno cree que lo que esta pasando en su vida no es muy justo, siempre creemos que los demás están viviendo mejor que nosotros, que tienen mejores cosas, mejor todo; lo que no sabemos es que los demás piensan lo mismo.

La condición del ser humano es no estar satisfecho con lo que tiene que querer más y más; pero creo que cuando no valoras lo poco, nunca te llenara nada de lo que tengas.

No se si estuve mal acostumbrada, que cuando quería algo o lo necesitaba, ahí estaba. Nunca viví una situación difícil o necesidad tal como para ponerlo en peticiones urgentes!!.

Cuando me case vino a ser diferente, aunque considero que no he sido una esposa exigente ni demandante en nada.

Pero si hubo una época en que tenia envidia de no poder tener lo que otros tenían y desmerecer el trabajo de mi esposo y la obra de Dios en el y nuestras vidas.

Estando en Ecuador trabajamos como misioneros con un grupo muy humilde, obviamente íbamos a sus casas y compartíamos aun alimentos con ellos.

El vivir tan cerca sus situaciones, me llevaron al quebranto; de pronto, vino a nuestro hogar un desajuste económico, se metieron a robar a nuestra casita tres veces!, de repente no teníamos donde vivir ya que no quería quedarme ahí donde robaron, era muy inseguro.

Al estar en una casita de un primo de mi esposo, sin muebles, sin casi nada, aun sin comida; pude comprobar el poder del único y sabio Dios.

Una tarde mis hijos tenían hambre y yo estaba embarazada, mi hijo me dice: "Mami quiero arrocito". No había nada de comer y en ese entonces no había celulares como ahora, vivíamos lejos y teníamos que esperar que venga papa a solucionar el "problema".

¡Llego papa! ... todos estábamos felices, pero cuando le dije que no había nada de comer, salio inmediatamente a "fiar" a la tienda pero regreso y vimos que no "compro" nada.

Dijo que no estaba el dueño y no pudo... así que en ese momento lo único que pudimos hacer y debimos haber hecho desde antes, era hincarnos a orar.

No teníamos sala ni comedor, así que nos arrodillamos en el piso y le pedimos al Señor que provea, que El sabia que no teníamos que comer.

Aun no terminábamos de orar, cuando oímos que alguien tocaba el claxon de un carro, pero no hicimos caso ya que no teníamos amigos con carro, volvieron a insistir tocando el portón de metal de la casa, entonces supimos que se trataba de nosotros.

Pero quien podría ser? se levanto Luis, abrió la puerta y eran unos amigos del Seminario que nos visitaban con bolsas del mandado... arroz, azúcar, fruta, wow! cosas que realmente necesitábamos!

Mi hija mayor dijo: Mami, el Señor nos contesto justo lo que le pedimos, estaba muy emocionada.

Es una lección que no cambiaria por toda la plata del mundo; el hecho de que tus hijos comprueben la mano de Dios en sus vidas, es algo que no se cambia.

Desde ese día, pude comprender que la vida que vivimos es justamente perfecta para lo que el Señor quiere usarnos.

Como le iba a ensenar a los humildes sin saber que es pasar pobreza?, como les iba a decir que tengan fe, si yo no la tenia?.

Lo que tenemos, es justo lo que necesitamos.

"Mi Dios, pues, suplirá todo lo que os falta conforme a sus riquezas en gloria en Cristo Jesús". Filipenses4:19

Constante en la Oración.

Una lección que aprendí y la más valiosa; creo yo, es la oración y la perseverancia en ella.

A veces en la vida si le pedimos algo a Dios y no recibimos la contestación que queríamos, desertamos rápidamente.

Algunas personas pueden pensar que Dios te dejo, que no se intereso en ti, algunos hasta dudan que haya un verdadero Dios.

Otros simplemente toman otras alternativas como si la oración fuera un boleto de la lotería, si te sale el premiado bien, sino, que mal y a pedir prestado!.

La oración ha sido para mi un arma muy valiosa, se que si no obtengo la respuesta rápida es porque no era el tiempo para recibir lo que le pedí o simplemente, no es lo que necesito. Pero nunca el dudar del poder de la oración, el poder de mi Señor.

Tengo miles de testimonios para contar, pero uno de ellos es el que me ha motivado más y más a no dejar la oración.

Al estar como administradora de una pagina del Seminario Bíblico, he conocido a mucha gente y eso es algo que me agrada mucho, sobre todo, el poder ser de apoyo entre hermanos aun estando lejos y comprobar el poder del Señor.

Un día en un blog de la página que se llama "peticiones de Oración" donde pueden poner cosas por las que desean apoyo en oración; puso una chica que oráramos por favor por Enedelia, tenia cáncer y seria bueno que la animáramos.

Cuando leí esto, me impresiono mucho; inmediatamente fui a su página y le escribí y le dije que estaba orando por ella y me puse a su servicio.

Me contesto y desde ahí tenemos comunicación muy abierta, tenemos un año de "conocernos" porque realmente no la conozco personalmente, pero compartimos muchas cosas y hemos comprobado que el poder de la oración es muy grande y que mas prueba, que su propia vida.

El año pasado le daban seis meses de vida, ahora han pasado seis meses más (desde que comencé el libro) y se siente bien, ha tenido que tener unas radiaciones más, pero no se compara al doloroso proceso de sufrimiento que vivió.

Lo mas hermoso es que las dos sabemos que ni la muerte ni la vida ni ninguna cosa nos separara del amor de Dios y que si el vivir es Cristo, el morir será ganancia.

"Y la oración de fe salvará al enfermo, y el Señor lo levantará; y si estuviere en pecados, le serán perdonados. 16 Confesaos vuestras faltas unos á otros, y rogad los unos por los otros, para que seáis sanos; la oración del justo, obrando eficazmente, puede mucho". Santiago 5:15,16

Grandes expectativas?…Malo!

Algo de lo que me he dado cuenta que es una de las causas de no ser felices completamente y desperdiciar el tiempo valioso, es el hecho de no disfrutar lo que tienes, incluyendo a tu pareja y tu alrededor.

Todo comienza desde tu juventud, te formas una idea de tu futura vida, de tu futuro esposo, incluso de tu persona física.

Ninguna de estas cosas podemos controlarlas para que sean como las soñamos, pero si podemos trabajar desde temprana edad en nosotros para tener lo mejor.

Que quiero decir con eso?, que si te ocupas en aprovechar el tiempo, de esforzarte en ser lo mejor, tendrás lo mejor.

Sin embargo, aun haciendo esto, se corre el riesgo de ponerse "metas" muy altas, que se confunden con las expectativas que deseamos y esperamos.

Muchas personas pierden tiempo esperando de los demás, de sus parejas, mil cosas que nunca suceden, se la viven comparándoles.

Todo mundo es mejor que lo que tienen en casa, pierden el tiempo esperando que los demás cambien, se la viven esperanzadas en tener lo que soñaron y cuando se dan cuenta, ya ha pasado el tiempo y no disfrutaron lo que tenían.

Incluso, he conocido personas que se han divorciado porque no recibieron lo que esperaban de sus parejas por este motivo.

La lección que yo he sacado de estos casos, es disfrutar lo que tengo, disfrutar a mi pareja, es única! y tiene muchos atributos que puede ser que nunca los había conocido por estar esperando que se parezca a los demás o a lo que algún día pensé en mi mundo.

Tal vez la casa que tienes ahora no es la de tus sueños, pero es mejor que la de muchos si sabes aprovecharla.

Tal vez tus hijos no son como los de otras familias, pero son ricos en muchas cosas que no te haz preocupado en conocer. Recuerda que la mama construye y depende mucho de nosotras en la formación de nuestros hijos.

Como esperas que tu hijo sea un buen lector como el hijo de tu amiga si tu nunca le enseñaste a tener un tiempo dedicado a la lectura ni tu misma lo haces?

No pierdas mas el tiempo poniendo la mirada en lo que no existe y disfruta lo que tienes.

Nadie te asegura que si tuvieras lo que quieres y fueras la persona que hubieras querido, serias lo que ahora eres.

Recuerda que las riquezas te alejan de Dios, te llevan a ser orgulloso y olvidarte de lo que realmente tiene valor.

Mateo 6:19-21 "No os hagáis tesoros en la tierra, donde la polilla y el orín corrompe, y donde ladronas minan y hurtan;

[20] Más haceos tesoros en el cielo, donde ni polilla ni orín corrompe, y donde ladrones no minan ni hurtan:

[21] Porque donde estuviere vuestro tesoro, allí estará vuestro corazón".

Habla!, los hombres no son adivinos.

Muchas veces me paso que estando en cama o en alguna situación de salud; al sentirme enferma, me la pasaba sufriendo esperando que mi esposo se de cuenta que estoy enferma y que no podía o simplemente no tenia ganas físicamente de hacer algún labor dentro de la casa.

Uno sufre pensando que ellos ni se dan cuenta, los hombres viven en su mundo, todo sigue normal para ellos.

Finalmente vino a mí una vocecita diciéndome:

"Pero que no te das cuenta que tienes que decirle a tu esposo todo lo que pasa contigo?, como te sientes? Que piensas? Que opinas? Etc."

No podía creerlo… para mi era obvio, era evidente lo que pasaba!, pero me di cuenta que los hombres no son como creemos, simplemente, no son adivinos.

Una noche decidí hablar con el y decirle como me sentía y el me dice: "Pero porque no me habías dicho?"

Por primera vez supe que la mente de la mujer es muy hábil, va mas allá de la realidad, con ella amamos, pero también con ella matamos; podemos imaginarnos mil cosas antes de enterarnos de las cosas como son, juzgamos sin saber, sufrimos por querer.

Nos formamos ideas erróneas de nuestra pareja sin serlo; es como la mujer que sueña que su esposo lo engaña y mil cosas mas, se despierta y le abofetea diciéndole :Te odio!.

Después de hablar con mi esposo, supe que el tenia un valor inigualable, que su amor por mi era especial; gracias a la comunicación, puedo gozar de un esposo comprensible y amoroso que siempre ha estado ahí, solo que no lo había querido ver por culpa de mis "creencias". ("Creo" que esta enojado, "creo" que no quiere, "creo" que me va a decir que no, etc.).

Por eso los hombres piensan que no nos pueden entender, ni saben de que animo vamos a estar; claro! Si siempre nos pasamos suponiendo cosas que no son y tomamos actitudes negativas que ni ellos saben porque.

Proverbio 14:1 La mujer sabia edifica su casa, pero la necia con sus manos la derriba.

Cuando parezca que Dios te dejo, es cuando mas cerca esta de ti.

Una tarde de verano con mucho calor, nos encontrábamos en el último periodo de exámenes, tesis, trabajos y mucho estrés porque ya en unos días, seria nuestra graduación.

Me encontraba en mi dormitorio frente a la ventana en el segundo piso de los dormitorios haciendo un trabajo, tratando de recibir el poco aire que entraba.

De pronto, entra una ráfaga de viento muy rara y se lleva una de mis hojas de mi trabajo que pronto tenia que entregar.

Trate de agarrarla como pude, pero se me fue de mis manos, mire a ver si alguien la vio y parecía que no había nadie afuera.

Estaba en mis shorts y una playera, quería salir corriendo, pero pensé: "No esta bien que salga así" y eso que los shorts me llegaban a las rodillas, de todas maneras me los trate de bajar más para que no se vea "mucho".

Salí corriendo ya que no quería que mi hoja se maltratara y tener que volver a hacerla.

Regrese y continúe con mi trabajo. En la noche me mandaron llamar: "Esperanza, te llama la 'mami' (era la hermana que cuidaba de las mujeres).

Yo no me imaginaba de que se trataba, así que fui a la oficina y me dice: "'fulanita' vio que saliste del dormitorio en shorts, tienes 5 deméritos".

Casi me muero!! Yo había tratado de llevar mi record limpio y nunca tener problemas con nadie; quien pudo haber sido?. –Era mi pregunta-.

Regrese a mi dormitorio y comencé a llorar de la impotencia y sobretodo que al preguntarme quien fue la que me vio y aviso.

Se trataba de una chica muy rebelde y que regularmente salía a lavar su ropa en shorts muchísimo mas pequeños y a ella no le decían nunca nada!.

Por eso no podía dar crédito a lo que sucedía; me daba vueltas en la cabeza y no me dejaba descansar y le preguntaba al Señor" porque?, si yo consideraba ser correcta en todo lo que hacia, porque cuando mas haces las cosas bien, parece que algo tiene que salir mal...

Una vocecita dentro de mi me dijo: "Tu me dijiste que te puliera, que te hiciera igual que yo y lo estoy haciendo; se que te duele, pero eso significa que ahí estoy, si no sintieras nada, ni nadie te llamara la atención de nada, eso significa que estás lejos de mi"

Indudablemente esa "vocecita" fue el Señor hablándome. Me sentí tan reconfortante y llena de ánimo que continué mis trabajos y finalmente termine con una buena lección.

Dios nunca me dejo ni fue injusto conmigo.

Josue 1:9 "Mira que te mando que te esfuerces y seas valiente; no temas ni desmayes, porque Jehová tu Dios estará contigo en dondequiera que vayas.

No impongas, negociar es mejor.

Esta lección tiene que ver con los hijos; no se escucha muy bien el "negociar" con los hijos, pero cuando entendemos el porque, será mucho mejor aceptarlo.

Cuando somos padres, no queremos que nuestros hijos tomen decisiones propias y mucho menos si no son tan buenas.

Si pudiéramos decidir por ellos y arreglarles la vida a nuestro parecer, a nuestra opinión, seria muy bueno. Pero desgraciadamente no es así, ni es lo mejor.

El negociar no se debe tomar como si fuera un "producto", sino buscar la forma de ofrecer alternativas para ellos.

El imponer cosas en ellos les hace mas rebeldes y la naturaleza es ir en contra, por eso es necesario conversar y ofrecer otras opciones para ellos en los que puedan ver algo mas obvio.

Mi carácter es un poco duro, soy flexible, pero la mayor parte del tiempo soy un poco estricta. Cuando mi hija mayor comenzó a crecer, mi miedo creció también junto con ella, el temor de que tome malas decisiones y le llegue a pasar algo me mataba del miedo.

Así que comencé a imponerle las cosas sin opción alguna, eso no me dio resultados y mi preocupación era más grande, además de sentirme culpable, pero no veía otra opción, tenia miedo, creía que había dos opciones, o darle la libertad, o seguir siendo estricta.

Pero estaba en un error, hay mas maneras de sobre llevar la adolescencia de los hijos y gozarse con ellos pudiendo depositar la confianza en Dios de que Él les esta guiando mientras yo me encargo de enseñarles los principios y convicciones de un cristiano.

Platicamos un día mi hija y yo y sacamos las dos todas nuestros miedos, iras y de mas. Fue un buen tiempo, le dije que me ayude porque nunca había aprendido a ser mama y ella nunca había aprendido a ser hija, así que quedamos en ayudarnos y crecer juntas y ha sido muy buena decisión, nuestra relación es muchísimo mejor.

El depositar cada situación en manos de Dios en ese mismo momento sin necesidad de reaccionar a un desacuerdo un enojo o una mala actitud, me ha dado la respuesta cada vez que sucede algo que a mi parecer se puede volver un problema, pero en el momento que se lo entrego a Dios, todo cambia automáticamente porque Él es el que comienza a obrar.

Esta es la mejor sensación que he podido tener como madre.

Jeremías 33:3 "Clama a mí, y yo te responderé, y te enseñaré cosas grandes y difíciles que tú no conoces".

Disciplinar no es malo!.

Esta lección, la he comprobado muchas veces en muchas áreas de mi vida. La disciplina es básica en todas las áreas de nuestra vida. Lo único que pude aprender es que debo hacerlo porque Dios me lo manda aunque sea duro y doloroso; Estoy hablando de la disciplina. A veces nos arrepentimos de no haber aplicado disciplina cuando ya es demasiado tarde.

Pero en especial quiero compartir una que tiene que ver con mis hijos y lo que he podido comprobar con la disciplina.

Desde que mis hijos eran pequeños, les enseñamos a obedecer en base a la Palabra, en ella nos habla que "La vara y la corrección dan sabiduría", "Corrige a tu hijo entre tanto hay esperanza", etc.

Adquirimos este método junto con unas caritas felices y tristes que dependía si obedecían o no, eran premiados o recibirían disciplina.

Obviamente hemos recibido críticas por hacer esto porque mucha gente lo toma como si fuera abuso a los hijos por dar "golpes", pero en realidad la gente que piensa así, no ha entendido claramente el sistema o ha tenido alguna experiencia de violencia, lo cual respeto.

Ahora han pasado los años y he comprobado que fue muy sabio este sistema, me libró de gritos, golpes, iras y de tristeza al ver la desobedecía final de los hijos.

De todo esto me salvo mi Señor gracias al llevar el uso de la "vara" como el lo dice la Palabra; sin llegar a la agresión ni violencia. Este sistema tiene un método de llevar y espero próximamente sacar material sobre esto.

Cuando eran pequeños mis hijos y sabían que habían quebrantado alguna regla dentro de casa, les llamaba preguntándoles que fue lo que hicieron, ellos me contestaban diciéndole su error, -entonces? – les preguntaba.

Ellos mismos me traían la varia para recibir la disciplina, a veces al ver su corazón de sentimiento y sinceridad, les perdonaba haciéndoles ver que por esa vez no recibirían disciplina, pero si persistían en algo que no estaba correcto, una próxima la disciplina seria más dura.

Unos años mas tarde, pude ver los resultados de esa disciplina, ya no había necesidad de usarla, ellos sabían ya lo que era correcto y lo que no, habían aprendido sus propias convicciones.

Incluso, a pesar de tener amigas psicólogas o trabajadoras en ayuda para familias y conserjería, no aceptaban este método, pude continuar con mi convicción propia y enseñarlo como opción en la disciplina.

Finalmente en una reunión de Pastores, hablaron en cuanto a la disciplina de los hijos y un policía mismo, hablo acerca del uso de la vara, lo apoyaba 100%.

Esto confirmo que la manera de disciplinar a mis hijos, era correcta, aparte de que la Palabra de Dios lo dice.

Puedo recomendarlo definitivamente para todas las familias que desean desciplinar de acuerdo a la Palabra y con buenos resultados.

Proverbios 19:18 "Castiga a tu hijo en tanto que hay esperanza, y no dejes que tu alma se detenga por causa de su llanto".

Sé un buen amigo para tener un buen amigo.

Por mi temperamento me gusta hacer amigos y me gusta mas, conservarlos.

Algo que he aprendido es en hacer amistades, aquellos que estarán ahi cuando tu pases por algún problema, la amiga que te va a apoyar en oración en una crisis matrimonial, aquella amiga que te da una receta cuando ya no sabes que mas cocinar, la que te entiende porque ya ha pasado por o mismo.

Todo esto se recibe, después de que hayas invertido tiempo y sinceridad a cada una de ellas.

Gracias a Dios, hoy cuento con varias amigas que las he mantenido por mas de 20 años, tomando en cuanta que ninguna de ellas, vive cerca de mí, pero cuando han podido, han venido a verme o viceversa.

El tener una amistad sincera, lleva años, no se dan de la noche a la mañana, se tiene que poner en práctica la hospitalidad, el dar, el invertir tiempo en escribirles, en acordarte de sus cumpleaños, etc.

Si uno desea una sincera amistad, hay que saber ser buenos amigos antes y después cuidarla y cultivarla.

*Por eso doy gracias a Dios de cada una de mis amigas que nunca olvidare.

Proverbios 17:17 "En todo tiempo ama el amigo; mas el hermano para la angustia es nacido".

Exprésate!

No se si dentro de mi familia no fuimos enseñados a expresar nuestros sentimientos cuando éramos niños, pero nunca había sido muy común entre hermanos decirnos cosas bonitas y expresar lo que sentíamos mutuamente.

Un día, no recuerdo si ya estaba casada o no, pero estando lejos de la familia, nos estábamos saludando por internet mi hermana y yo, a una de las dos se le salio decir: "te quiero mucho", "yo también".- dijo la otra-.

Después de unos segundos comenzamos a decirnos cosas lindas pero increíbles, nunca habíamos sabido lo que pensábamos la una de la otra.

Ella me decía: Sabes que estoy orgullosa de ti?, YO?. –le conteste- continuo diciéndome que siempre había querido ser como yo, yo me reí y le dije: como crees?.

Yo siempre quise ser como tu, tu tienes mucho talento, sabes hacer muchas cosas, tienes una carrera y la continuas desempeñando. –le conteste-

Así seguimos diciéndonos lo que veíamos de la otra deseándolo para si. Por fin le dije: Pues para que veas, hay muchas cosas bonitas en cada una, hay que tomarlo, acéptalo y aprender a vivirlo.

Por fin supimos muchas cosas que no sabíamos de nosotras mismas y que era necesario sacarlas y valorarnos nosotras mismas.

En otra ocasión, después de tener a mí bebe más pequeña, mis papas fueron a visitarme desde México. Pasamos buen tiempo aunque no pude atenderles como hubiera querido dadas las circunstancias del embarazo avanzado.

Llego el día que teñían que partir de regreso, nos despedimos como si viviéramos juntos y nos volveríamos a ver al rato.

Obviamente no me quede tranquila con eso, sabia muy bien que era un área con el cual luchaba mucho, el expresar los sentimientos, ha sido la mayor dificultad para mi en mi vida.

Cuando se fueron, no me quede tranquila con haber dejado que se fueran sin haberles dicho lo agradecida que estaba y mil detalles más.

Así que tome el teléfono y le llame a mi esposo al celular y le dije que me pasara a mi papa, y por teléfono le dije lo que no pude decirle en persona. No lo podía creer, porque no había podido expresar lo que sentía!.Finalmente me quede más tranquila.

Por eso creo que es muy importante decir lo que sentimos y pensamos, mientras mas lo haces más vas dejando la inhibición y la vergüenza.

Sobretodo que queda en ti la satisfacción de haber edificado tu vida y la de alguien más.

No pagues con el mal, vence con el bien!

Es obvio que en la vida no vamos a caerle bien a todo mundo, simplemente la variedad de caracteres no compaginan unos con otros.

A veces me ha tocado relacionarme con personas que tienen un carácter, digamos, diferente. Personas que no les gusta saludar, que pasan por tu lado y ni siquiera te dirigen una palabra.

A veces resulta incomprensible que haya personas así cuando son parte del grupo de trabajo de la iglesia e irónicamente, forman parte del ministerio de bienvenida de la Iglesia!. No parece ilógico?, por un tiempo trate de luchar oponiéndome a ese tipo de personas, sobretodo cuando forman parte del grupo de liderazgo.

Se supone que cada persona que esta al frente de un ministerio debe ser de edificación, de testimonio con su propia vida y eso se me hacia ilógico.

Finalmente, decidí no hacerme más problema y demostrar el amor de Dios por sobre todas las cosas para ganar los corazones de todas las personas demostrando el cariño y bondad de Dios.

Al principio me fue difícil ir hacia las personas y saludarles aunque recibiera no muy buena respuesta o incluso me dejaran con la mano extendida, pero ahora hemos edificado mucho mas y las cosas han cambiado por lo menos desde mi interior hacia estas personas.

Por lo menos ya no es una carga para mi vida.

Romanos 12:17-21 "No paguéis a nadie mal por mal; procurad lo bueno delante de todos los hombres.[18] Si es posible, en cuanto dependa de vosotros, estad en paz con todos los hombres. [19] No os venguéis vosotros mismos, amados míos, sino dejad lugar a la ira de Dios; porque escrito está: Mía es la venganza, yo pagaré, dice el Señor.[20] Así que, si tu enemigo tuviere hambre, dale de comer; si tuviere sed, dale de beber; pues haciendo esto, ascuas de fuego amontonarás sobre su cabeza.[21] No seas vencido de lo malo, sino vence con el bien el mal".

Disfruta a tus hijos antes que se vayan!.

No se de donde aprendí a ser estricta, por un tiempo se sentí orgullosa de eso y mas cuando comenzaron a llegar los hijos, no tocaban las cosas que se podían quebrar porque se los enseñamos, estaban quietecitos en los cultos de la Iglesia, etc. No era de las típicas mamas que quitan de las vitrinas todo para que el bebe no rompa nada, llegaba el domingo y no salíamos sin antes haber arreglado la casa y tendido las camas.

Un día salí de viaje y al regresar note que algo había pasado entre hijos y papa, se reían como diciendo: "no le vamos a decir a mama", así que les pregunte como se habían portado y papa les dijo que me contaran lo que hicieron.

Me confesaron que un día sacaron la cama y los muebles de un cuarto y ahí pusieron todos sus juguetes y jugaron hasta que se acercara el día de mi llegada.

Me sentí tan rara, me pareció chistoso y reí, pero realmente me sentí como la mama mas feroz del universo!!.

Pude reflexionar que había llegado a tal extremo, que ellos pensaban que me enojaría si me enteraba lo que hicieron.

Me di cuenta que había perdido mucho tiempo en extremos de pulcritud y limpieza que no me permitían llegar a los corazones de mis hijos y a disfrutarlos como son.

Obviamente la disciplina y orden son muy importantes en nuestra vida, pero deje a un lado el perderme de tiempos lindos con mis hijos.

Yo no quería que mi mal carácter privara a Dios de escuchar mis peticiones por mis hijos cada día, todavía estaba pendiente su salvación ya que eran pequeñitos y mi deseo era que vieran reflejado a Cristo en mí.

Así que preferí ceder a mi enojo y gritería de: "Levanta tus juguetes", "no hagan tiradero", "limpien", etc., a reflejar el amor de Dios a través de mi con buenos modales y entregarme a ellos en tiempo y calidad.

Colosenses 3:21 "Padres, no exasperéis a vuestros hijos, para que no se desalienten".

Acéptate, decídete y actúa!.

Muchas veces perdemos mucho tiempo quejándonos, lamentándonos y menospreciándonos a nosotras mismas por los cambios que con el tiempo han llegado a nosotras.

Es obvio que cuando uno se casa y tiene hijos, cambia el cuerpo (en muchos de los casos), más aun con el pasar del tiempo.

El lado triste de todo esto es que ni hacemos nada por remediar la situación y seguimos quejándonos.

Se que por nuestra mente pasa nuestros esposos ya no nos vean atractivas, que extrañan un cuerpo atractivo y jovial.

Déjame decirte que no tenemos que estar iguales que de jóvenes, incluso, uno puede verse mejor que antes aunque no tenga la figura que algún día tuvo.

Toda esta en aceptarnos a nosotras mismas y ser felices y transmitir esa felicidad a nuestra familia, especialmente a nuestro esposo.

Por otro lado esta el actuar y hacer algo por cambiar la situación si es que esta en nuestras manos; salir a caminar, hacer 20 minutos de ejercicio diario cambia nuestro metabolismo y nos hace sentir bien con el tiempo.

O simplemente arreglarte bien para tu esposo, mantener la pasión y el amor por el, aun mas que el primer día que le conociste.

He visto mujeres muy guapas, felices y no necesariamente delgadas!. Cuando uno aprende que de la manera en que amas a los demás es como debes de amarte a ti misma, entonces como puedo amar a otros si no me amo yo? Todo está en uno mismo.

"Ama a tu prójimo como a ti mismo" Mateo 22:37.

La milla extra!

Una lección dentro de mi vida matrimonial y con mis hijos, es el aprender a no ser egoísta; regularmente nos hacemos las victimas pensando que hemos dado mucho y no hemos recibido nada a cambio. Muchas veces sin el afán de esperar nada, pero por lo menos por cosa natural!.

De pronto nos encontramos en el punto donde creemos que ya dimos todo y no podemos más; cuando realmente nuestro papel es ese, el de proveer a nuestra familia y ser su influencia positiva, simplemente el hacer nuestros deberes, esa es nuestra primer milla.

Ahora, como voy a ir mas allá de mi primer milla si siento que ya no puedo mas?

No se trata de hacer mas cosas de las que realmente se saldrían de los horarios normales, no podría hacer mas cosas de las que regularmente hago, entonces como corro una milla extra?

Bueno, pues no se trata de programar más actividades, simplemente hacer que lo que ya hacemos sea de calidad, transformarlo en algo especial.

Si les ofrezco a mis hijos comida no muy nutritiva, ahora puedo planear darles comida mas saludable y hacerla divertida.

Haz una lista de las cosas que haces regularmente y ve como es que puedes transformarlo en algo de calidad, algo que a tus hijos les parezca que estas ahí, que les estas demostrando amor a través de tus detalles.

Es muy diferente proveerles todo lo que necesitan y pensar que estas cumpliendo con tu obligación, a proveerles lo necesario pero que cada cosa sea especial para ellos.

Recuerda que los hijos a veces actúan de acuerdo a su ambiente, lo que les rodea; si no tienen ropa limpia, comida sana, horarios y disciplina, seguro que habrá malos tratos, caras y disgustos en casa.

Nosotras estamos encargadas de proveerles lo mejor y dar la milla extra por ellos.

En Mateo 5:41 dice: "Y a cualquiera que te obligue a llevar carga por una milla, ve con el dos"

Prueba de Fuego.

He aprendido muchas cosas en el transcurso de la vida, a pesar que no soy una anciana!, y hay muchas cosas que son difíciles de enseñar con palabras o conferencias porque hoy día la mayoría de las mujeres trabajan y no les es fácil aceptar el ser mujeres de casa.

Una manera de enseñar, es con el testimonio propio, así que ahora me ha tocado enseñar con mi misma vida todo lo que he enseñado, lo que creo y lo que aun es difícil enseñar de acuerdo al tema de mujer del hogar cumpliendo con las responsabilidades de mama, mujer, esposa e hija de Dios sin dejar que un negocio cambie y desvíe del propósito que Dios tiene para una mujer.

Creo que una mujer puede hacer todo lo que quiera planificando y administrando todas sus actividades poniéndolas en manos del Señor de acuerdo a sus prioridades.

Una de las metas de mi esposo para este año, era poner un negocio, el es un hombre muy "luchon", trabaja muy duro en muchas áreas.

Un día llego con una gran noticia para la familia, nos enseñó las llaves del nuevo negocio!!!.

Mi cara creo que mas de gozo, era de sorpresa, mi mente corrió rápidamente y me decía: Como hare todo lo que tengo que hacer?? Era obvio que yo atendería el "negocio", mi vida cambiaria por completo!!, ya tenia mis horarios y actividades planeadas y un negocio me cambiaria todo.

Pensé y pensé mucho, el hecho de cómo debería de tomar esta situación sin ser la causa de desanimo, tenia que ser sabia para ver de que manera tenia que apoyar a mi esposo.

Quería estar segura que era la voluntad de Dios y no una trampa del enemigo para destruir todo lo que éramos como hogar, como hijos de Dios.

Puse en orden mis pensamientos en una noche y orábamos mi esposo y yo pidiéndole paz y guía para todo esto y así lo hizo.

Nos sentimos tranquilos en la decisión porque un propósito del negocio es conocer más hispanos para invitarlos a la Iglesia que esta en el mismo pueblo y esto dependía de nosotros mismos.

Así que me puse a organizar mis actividades de casa para cocinar de noche para el siguiente día y que mis hijos coman cuando lleguen de la escuela, mi hoja mayor ya maneja, así que ahora ella llevaría a la pequeña Angélica al gimnasio, también ya tiene trabajo. Todo cambio para todos!.

Tenia que desprenderme de mis hijos en cierta manera, todavía estaba en la etapa que aun son tus pollitos y tú haces todo por ellos.

Mi hija mayor ya era más independiente y ella lavaba su ropa desde antes, pero ahora le tocaría sacar de la secadora y doblar la ropa.

Los otros dos les enseñe como manejar la lavadora y ellos doblarían su propia ropa y harían sus pares de calcetines.

Esa noche parecía que les estaba instruyendo como si me fuera por siempre o algo así, nos sentíamos raros todos, sin embargo, el primer día que comencé a trabajar y llegue a casa, todo estaba en orden y habían hecho lo que les dije!.

Poco a poco las cosas han ido tomando su forma, en la tarde nos turnamos mi esposo y yo para atender la tienda y llego a casa a cocinar, y hacer lo que haga falta.

Me he quedado muy sorprendida de cómo han respondido mis hijos, dentro de mí dije: Ahora es cuando veré si da resultado todo lo que he aprendido y mis hijos también.

Antes de salir de casa en la mañana dejo todo limpio para cuando mis hijos lleguen, sientan que ahí estoy, que todo lo que hice es para ellos y ellos también hagan su parte sin necesidad de que les tenga que estar diciendo lo que tienen que hacer.

Le llame la prueba de fuego porque ahí por fin vería lo que he construido en mi hogar o lo que me falto; esto podemos aplicarlo a todas las áreas donde construimos y después podemos dar el paso de fe para ver los resultados de un gran esfuerzo y dedicación. Sobretodo con la guía del Señor.

Esta ha sido, La Prueba de Fuego!!.

Gálatas 6:7-9 "No os engañéis; Dios no puede ser burlado: pues todo lo que el hombre sembrare, eso también segará.[8] Porque el que siembra para su carne, de la carne segará corrupción; mas el que siembra para el Espíritu, del Espíritu segará vida eterna.[9] No nos cansemos, pues, de hacer bien; porque a su tiempo segaremos, si no desmayamos".

Todos estamos expuestos.

En el transcurso de la vida, uno va pasando cosas que no espera, pero es eso no es lo peor, cuando te encuentras en un momento donde se te junta todo y sientes que todo se viene abajo, se derrumba y lo único que quieres es desaparecer.

En este momento tengo 41 años y decidí escribir este libro pensando en que hay muchas personas que están viviendo exactamente lo mismo que yo viví y aun espero muchas mas experiencias que indudablemente me darán una lección.

En la Iglesia donde estamos trabajando, han surgido problemas que nunca faltan, pero en esta ocasión he quedado muy afectada, a pesar de que no quería tomar personales los problemas ni sentirme dolida por los diferentes causas, creo que si me afecto.

Unas familias de la Iglesia han pasado cosas terribles que me han dolido en lo mas profundo, simplemente porque me he encariñado con las familias y porque uno lo único que hace es estar previendo que no sucedan las cosas que al final, son las que suceden y duelen lo doble.

Aparte creo que estoy pasando un desorden hormonal a causa de mi operación; me quitaron un ovario y esto me ha traído un poco de altibajos en mi.

A que viene todo esto?, bueno, el punto al que quiero ir, es el que veamos que cualquier cosa que pasemos difícil o que la gente nos quiere hacer pasar un mal momento, es injusto, cada cosa que viene a nuestra vida es solo porque el Señor quiere que pasemos una prueba que el va a usar en el futuro.

Muchas veces pensamos que estamos deprimidas por algún problema grave, a veces ni nosotras mismas sabemos que sucede.

Lo primero que hay que hacer, es descartar cuestiones médicas, luego ver nuestro interior, el área espiritual.

Debemos aprender a perdonar a ver las cosas positivas, a dar de nosotros aun cuando creamos que estamos vacías y no tenemos nada que dar.

Una de las decisiones que he tomado en este tiempo, es en pensar que las cosas aun no agradables o "injustas" a mi punto de vista, las pueda ver de diferente manera.

He comprobado definitivamente, que de uno depende llevar la "fiesta" en paz; varias ocasiones me he dado cuenta del cambio que esta decisión produce positivamente.

Un dia cerca de la navidad, salimos a un lugar donde se hacen los campamentos de nuetra organización, pero a los pastores les proven hospedaje para sus familias sin costo alguno. (Es una bendición).

De mañana me decidí levantarme y preparar desayunos al gusto de cada uno, había varias opciones, así que mi hija menor les pregunto que deseaba cada uno y me puse a prepararlos; le pedí que le dijera a su papa que reuniera a los chicos para leer un devocional y regreso diciéndome que no quiere pararse, que esta cansado, Mi reacción en la carne hubiera sido: "Dile que yo también estoy cansada y estoy haciendo desayuno para todos"!!, sin embargo, no lo hice, le dije que no le dijera nada y que lo dejara descansar, cuando menos lo espere, ya estaba en la mesa esperando a los niños para leer.

El sabía muy bien que no podía negarse a hacer algo tan lindo con los muchachos en este tiempo especial, sacrificando su descanso.

Solo me imagine que hubiera pasado si yo me molestaba y le decía cosas, seguro que íbamos a descomponer la armonía de las vacaciones.

Así han sucedido varias veces cosas como estas y reafirmo que depende mucho que uno como mujer mantenga la armonía o romperla solo por exigir nuestros derechos. La vida sera agradable o no, con la manera en que uno decida actuar.

Definitivamente podemos poner a un lado nuestro malestar o "injusticias" a un lado; vale más la pena gozar de un buen momento a edificar cosas vanas que iran desquebrajando el matrimonio y el círculo familiar.

Proverbios 14:1 "La mujer sabia edifica su casa, pero la necia con sus manos la derriba".

Si, me cambio!!

Al estar preparando una capacitacion para la iglesia en cuanto a los temperamentos, puede darme cuenta después de mas de 25 años que Dios me ha transformado!!.

Es obvio que el cristiano para por transformaciones y si estaba conciente de eso, pero al leer cada temperamento y recordar como era y lo que ahora soy en Cristo, pude ver claramente lo que El ha hecho en mi vida.

En esos anios cuando descubri que temperamento era, tenia casi 100% de sanguinea y poquito de melancolica, vivia una lucha en mi disciplina personal para las cosas del Senor tremenda, deseaba disciplinarme y ser constante en todo, pero me costaba mucho trabajo, ello me llevo a meterme en prooblemas de responsabilidad tanto en la escuela como en mi vida personal.

El Señor conocía mi corazón y mi deseo de cambiar y depender de El 100% dejandome transformar y guiar por el Espíritu Santo en todas las areas de mi vida.

Al ir pasando el tiempo y teniendo vivencias duras y de todo tipo, me fue enseñando que debia dejarme guiar por El o si no, mi vida seria un desastre.

Toda experiencia lleva a la madurez, pero no queria llegar a la madurez a golpes!!.

Efectivamente he podido comprobar que su mano y su guia es efectiva, actualmente considero que el ha cambiado mi vida, supuestamente los sanguineos son inconstantes, indisciplinados, irresponsables, etc. Estas son las debilidades del sanguíneo, pero eran las más manifiestas en mi vida.

El Señor ha dado a mi vida equilibrio y madurez a comparación de hace unos años, se que uno nunca deja de aprender y aun siento que estoy en esa transformación, pero he notado que he estado ubicada y enfocada en lo que Dios quiere para mi vida ya por un tiempo y eso me hace muy feliz.

Por eso puedo comprobar que su mano es eficaz y que si uno deja que Él trabaje, él lo hace.

Nunca te compares con nadie, tampoco te encasilles diciendo que "así eres". Si Dios vive en ti, El hará agrandes cambios mientras tu lo permitas.

Salmo 37:4 "Deléitate asimismo en Jehová, Y él te concederá las peticiones de tu corazón".

Ve lo especial que eres!.

En 1987 quise tomar una decision en mi vida para bien, ya que en mi vida, como contaba anteriormente, no habia desciplina en mi relación personal con Dios.

Necesitaba de algo en el que me viera obligada a cumplir en mis labores diarios, tanto en mis habitos personales como espirituales.

Asi que mis padres me apoyaron para ir al Seminario Biblico Rio Grande, y efectivamente, fue una escuela en mi vida en todos los sentidos, nunca desaparecio de mi mente que estaba en el proceso de transformacion, pero habia olvidado una cosa importante; y era lo especial que Dios me habia hecho y yo no me habia dado cuenta.

Habia vivido con la idea de que no valia mucho que digamos, me preguntaba el porque hizo a mis hermanos y a los demas mejores que a mi, porque no me habia dado talentos como a los demas, porque no era inteligente, etc.

Aunque me gustaba estudiar, no podia llegar al nivel de la exelencia, de repente mi vida se enfoco en que tenia que sacar "A" y venia la frustración cuando veia que no lo logre, esto se volvio una lucha constante en mi vida y no me permitia ver mis fortalezas, aquello con loque Dios me habia capacitado para servirle.

Un dia mi hermano mayor (que estudiaba ahi tambien), me encontro llorando, le decia con gran dolor que porque no podia ser una buena estudiante como otros?, en ese momento fue que supe lo que Dios habia hecho conmigo y no me habia dado cuenta.

Mi hermano me dijo: Porque no te fijas que tu tienes muchas cosas que otros no tienen?, cuantos de tus compañeros quisieran estar trabajando en la radio como tu en lugar de trabajar debajo del sol?, Tu tienes otros talentos que muchos no tienen y no te quieres dar cuenta.

En ese momento le conteste que eso no me importaba, a mi no me interesaba hacer reir a la gente ni trabajar en la radio; pero creo que solo fueron palabras vanas porque dentro de mi llego el mensaje que me quiso dar mi hermano en ese momento.

Era verdad, Dios me habia capacitado no para sacar "A" en los examenes, El me habia dado un talento especial que era llegar a los corazones de los niños para que aceptaran a Cristo por medio del personaje que hacia en la radio.

No podia creer como habia desperdiciado tiempo sin gozarme en lo que hacia, puede darme cuenta que nuestra necedad es una venda en los ojos para ver la grandeza y regalos que Dios nos ha dado.

Asi que decidi no perder mas tiempo y gozarme en lo que Dios me habia dado y es algo en lo que le doy tantas gracias a Dios que aun actualmente sigo usando con el papel de "Abuelita Alicia Felicia" y ganar almas para Cristo.

La honra y Gloria sea para El!.

Todos los seres humanos hemos recibido al menos un talento en nuestras vidas. Algunas personas lo conocen, otras no. Pero todos tenemos al menos, uno.

Mateo 25:15 "A uno dio cinco talentos, y a otro dos, y a otro uno, a cada uno conforme a su capacidad; y luego se fue lejos".

Enseña a tus hijos con sabiduria.

Ahora que mi papa esta viviendo con nosotros, nos ponemos a conversar de cosas del pasado y he aprovechado preguntarle cosas que no tenía respuesta.

Ha habido algunas chistosas, otras tistes y otras sin respuesta, aun el mismo no sabe porque pasaron.

Asi que pude darme cuenta de que todo lo que hacemos nuestros hijos lo capatan de diferentes maneras y algunas veces de maneras que nunca se quitaran de sus mentes y seran dolorosas para ellos y nosotros nunca saberlo.

Esto es tan importante que medite en la necesidad de pedir sabiduria diariamente a Dios para poder transmitirles y suplir a nuestros hijos lo que ellos necesitan.

Mirando hacia atras como hija, hubo cosas que me hirieron, que mis padres hicieron sin saber y causaron heridas en mi vida, otras malas decisiones que causaron dolor y sufrimiento incluso que acarreamos aun en nuestro matrimonio si no sabemos y aprendemos a perdonar y olvidar.

Si cada uno denosotros nos ponemos a recordar nuestro pasado, seguro saldran cosas que no tenemos explicacion pero que hirieron nuestra vida; algunos podemos recordar la falta de expresión y cariño de nuestros padres y puede ser que muchos aun mantengan un recentimiento en contra de ellos por todo lo que dejaron en su niñez.

Como padres hacemos cosas que no sabemos que le estan afectando a nuestros hijos, pidamos sabiduria cada dia para darnos cuenta de las necesidades de nuestros hijos y saberlas suplir.

Recuerda que en medio de la necesidad, del trabajo y problemas personales, estan nuestros hijos esperando por cariño y amor, lo demas debe quedar en manos del Señor, Él se ocupara de lo demas.

Invertir calidad de tiempo por más minimo que sea, traera bendicion en la vida de tus hijos.

Hebreos 12:15 *"Mirando bien que ninguno se aparte de la gracia de Dios, que ninguna raíz de amargura brotando os impida, y por ella muchos sean contaminados"*

Desata lo que has atado.

En el proceso de crecimiento vamos formando nuestra forma de ser de acuerdo a las vivencias, herencias y cultura.

La desventaja que hay en todo esto, es que nos vamos dando a concer por tener "X" tipo de caracter y la gente nos va encasillando de esa manera.

Asi que nosotros tomamos esos hechos como verdad en nosotros y nos van impidiendo hacer más de lo que pensamos que podemos hacer.

Seguro haz escuchado alguna vez a alguien o a la mejor tu mismo lo haz dicho alguna vez; "Esque asi soy" o "Ya sabes como es"… esta afirmacion nos limita a desarrollarnos de acuerdo a las capacidades que Dios nos ha dado y vaya que son muchas, pero no lo descubrimos y algunas veces nunca nos damos la oportunidad de descubrirlo.

El escuchar la mayoria de nuestra vida que no somos capaces de algo, nos hace creer que asi es y nunca nos atrevemos a ni siquiera descubrirlo o intentarlo.

No quiero hablar mal de nadie, pero por supuesto que entre hermanos siempre nos herimos, nos decimos cosas que nos lastiman; desafortunadamente a mi me decían "tonta", "mensa", cuando hacia una tarea se burlaban de mi diciéndome que mi mama me "bajaría de las nubes", etc. Llegaba el momento que tenía miedo de responder porque tenía miedo a equivocarme y entonces recibiría una "tunda".

Comprendo que los padres muchas veces no sabemos que hacer o que sistema utilizar en ciertos casos.

Pero el punto es saber que todo aquello que sale de nuestra boca ata a los nuestros, muchas veces sin desearlo.

Nunca me imagine hablar en publico algún día, era muy penosa y mi rostro se convertía en semáforo, ni siquiera sabia hacer un cheque!!, me sentia demasiado insegura de mi misma, pero gracias a Dios que me ha transformado y usado para su gloria.

Cuando era joven, solo el imaginarme que algun dia tomaria la responsabilidad de madre, me afligia porque no me creia capaz de hacer todo lo que una madre hace y aun mas.

Si tu eres madre, quiero pedirte que nunca limites a tus hijos, ayudales a desarrollar sus capacidades y hacer las cosas por ellos mismos, tienen que aprender a valerse por si mismos y nunca les ates diciendoles que no pueden o que son inutiles, flojos, latosos, traviesos, etc., porque se lo creeran y nunca seran capaces de ver en sus vidas que son diferentes y que su vida esta llena de aptitudes y cualidades.

Santiago 4:7 "Así que sométanse a Dios. Resistan al diablo, y él huirá de ustedes".

Aprovecha bien el tiempo.

Los primeros años de casada, sentía que el dia solo me rendia para hacer solo una cosa, no me alcanzaba para nada el tiempo.

Y dormia preocupada por lo que tenia que haber hecho… ni siquiera por lo que tenia que hacer al dia siguiente!.

Vaya que los años nos enseñan, gracias a algunos libros y hermanas en Cristo en algunos cursos para esposas de pastor, he aprendido mucho, no solo de los temas que nos comparten, sino la vida de mis amigas mismas, son lecciones vividas donde uno puede aprender mucho.

El llevar una agenda y planificar las cosas que tienes y quieres hacer, me ha ayudado muchisimo, y en lo personal a veces hasta usar un cronometro!! Yo se que se escucha muy exagerado, pero para mi me ha funcionado.

Dedicar cierto tiempo a las cosas que hago y dejar de hacerlo porque ya se termino mi tiempo para eso, me ha beneficiado y ayudado a hacer y avanzar varias cosas a la vez.

Es bueno ser flaxibles en horarios, pero siempre y cuando se continue con nuestros pendientes para cumplir con lo planeado.

Tambien sirve apuntar en el planificador porque ahi te das cuenta de tus prioridades, al anotarlo te vas dando cuenta que tan importante es y cada cuantos dias puedes ir haciendolo sin dedicar mas tiempo a lo menos importante.

Hay cosas que requeriran cuatro o más veces al mes, otras solo una, etc… Y tu mente quedara mas tranqulia de todo lo que una mama tiene en su mente por hacer.

Incluso puedes poner en tu calendario tus metas del año, como por ejemplo: salir con tu esposo, dejarle una nota especial por algo que hizo especial por ti, hacer una llamada a una amiga que casi no frecuentas, salir con tus hijos, etc.

Esta es una buena lección que me ha ayudado a organizar mi vida.

Te la comparto como idea de organización en tu vida y para que disfrutes todo lo que haces y no pienses mas que los días deberían haber sido de 30 horas!.

En Eclesiastés 3:12 y 13 podemos confirmar como el Senor desea que vivamos gozosos con lo que hacemos y tenemos, no afanarnos ni mortificarnos.

12 Yo he conocido que no hay mejor para ellos, que alegrarse, y hacer bien en su vida: **13** Y también que es don de Dios que todo hombre coma y beba, y goce el bien de toda su labor.

1 Corintios. 14:40 *"Pero hágase todo decentemente y con orden."*

Filipenses 2:13-16 "Porque Dios es el que en vosotros obra así el querer como el hacer, por su buena voluntad.**14** Haced todo sin murmuraciones y contiendas, **15** Para que seáis irreprensibles y sencillos, hijos de Dios sin culpa en medio de la nación maligna y perversa, entre los cuales resplandecéis como luminares en el mundo; **16** Reteniendo la palabra de vida para que yo pueda gloriarme en el día de Cristo, que no he corrido en vano, ni trabajado en vano.

Busca crear fuentes fuertes de amistad.

Nunca me había dado cuenta de cuan importante es crear fuentes fuertes de amistad hasta que llegamos a Ecuador.

Después de vivir por 6 años en Mexico, decidimos viajar a Ecuador de donde es mi esposo para que nuestros hijos conozcan a la familia y el país de él.

Desafortunadamente no conocí a mi suegro, pero en el momento que entramos a HCJB donde trabajo mi suegro y trabajan actualmente dos de mis cuñadas, supe lo lindo de crear buenas amistades, sobre todo, dejar un buen testimonio.

Al parecer nadie nos conocia, Luis me iba presentando con la gente que conocia y muchos de ellos no se acordaban de el, pero en el momento que dijo el nombre de su papa "Luis Acosta", nos comenzaron a recibir cada vez mejor hablandonos lo mejor de su padre.

No podia creer que gente que no nos conocia a nosotros abria sus puertas de su hogar incluso apoyaron nuestra llegada con algunas cosas o muebles solo por saber de quien era hijo.

Ahi pude entender cuan importante es dejar huella en el camino ya que por ahi pasaran nuestros hijos, lo que sembremos como dice la Palabra, lo cosecharan nuestros hijos, sea bueno o malo.

A la gente no le importo nada, solo el hecho de saber que era hijo de Luis Acosta fue suficiente para tener seguridad de quienes eramos. Depende de nosotros continuar esa bendicion para nuestros hijos.

Por eso aprendi que tan importante es hacer buenas amistades, saber que tipo de costumbres, convicciones y amor a Dios tienen nuestros amigos, porque el dia que faltemos nosotros, nuestros amigos seran los que les abriran puertas a nuestros hijos y tal vez quienes cuiden de ellos.

Toma las oportunidades y dile NO a la inseguridad.

Dicen que las buenas oportunidades no regresan, y es verdad; puede ser que en la vida se nos hayan presentado grandes oportunidades que por el hecho del temor y la inseguridad, se nos van.

La peor arma contra todo en la vida es nuestra propia inseguridad y temor; el no estar seguros de nosotros mismos nos impide dar pasos grandes en nuestra vida.

La vida del cristiano es de valientes!, Dios nos capacito de grandes cosas para hacer mucho en la vida, pero desafortunadamente nos limitamos a nosotros mismos y le limitamos a El tambien.

En el camino se nos van presentando oportunidades a la mejor no estaban en nuestra mente porque ni siquiera hamos pensado que deseamos para nuestra vida, sino que vamos viviendo conforme se van dando las cosas y punto. Muchas veces al no ponernos metas y propositos no sabemos si las oportunidades que se nos presentan seran las que nos ayudaran en la vida a desarrollarnos como personas y dejamos ir muchas de esas oportunidades.

Al ponerte metas y propositos sabras con mas claridad hacia donde quieres ir y si lo que se te presente es parte de tu plan o no.

Obviamente si tu plan es estudiar y terminar una carrera no vas a aceptar una oportudidad y ofrecimiento de trabajar cuidando una tiendita. Al menos que esto no afecte horarios para realizar tu meta establecida.

Mas que estas oportunidades pequenas, yo me refiero a las grandes oportunidades que si no las tomas, se iran y no regresaran.

Poner un negocio, estudiar algun curso o carrera, vajar, emprender algo grande, etc., Muchas veces nosotros nos ponemos mas limites que lo que realmente es.

Mi hermana siempre me lo ha dicho: Estudia lo más que puedas, aprende lo que sea. Y es verdad, cualquier cosa que estudies traera consigo muchas puertas para abrir.

Los hombres valientes, los que se capacitaron, los que aprovecharon toda oportunidad, son los triunfadores, los que han hecho historia.

Justamente un dia despues de haber escrito este capitulo, mi esposo me llama diciendome que una hermana americana le habia preguntado si conocia de alguien que quisiera trabajar con ellos cuidandoles a sus hijos y ademas tuviera pasaporte para viajar con ellos porque salen muy seguido a Hawai, Las Bahamas, etc., aparte seria muy bien pagado!.

Le pregunte que si habia pensado en alguien y me dijo en ti. Esta gran oportunidad definitivamente no era para mí a pesar que era muy buena, pero de acuerdo a mis metas y actividades quedaba fuera de mis metas y planes para mi vida.

Filipenses 4:13 "Todo lo puedo en Cristo que me fortalece"

No compitas con nadie.

Cuando estamos jóvenes y en la primera etapa de nuestro matrimonio, nos sentimos seguras de nosotras mismas para continuar conquistando a nuestro esposo.

Un dia me comenzo a entrar una aflicción tremenda en mi, pensaba que ya no era la mujer joven y atractiva que conocio mi esposo y que a mi alrededor habia muchas jovencitas muy lindas y atractivas.

Obviamente el enemigo es el que me metio esa idea en la mente, pero siempre el Senor sale al rescate!.

Parecia que el Senor me decia: Tu no estas compitiendo con nadie, tú eres tú y te he dado una personalidad especial y única.

Y asi lo acepte, decidí quitarme de la mente toda esa idea que si dejaba que continuara en mi mente, podia llegar a arruinar mi vida y matrimonio.

No entiendo porque las mujeres somos tan especiales en el sentido que si nuestro esposo nos esta diciendo mil piropos y echando flores, seguimos pensando que no somos lo que ellos dicen y nos hacemos menos nosotras mismas.

Asi es que, cada una de nosotras tenemos que creernos lo que somos, y estar orgullosas de ello, claro, porque no darnos una ayudadida cada dia arreglarnos y cuidarnos, simplemente por ser templo del Espiritu y aun mas, porque tenemos que ser lo mejor para un hijo del Rey!.

Ahora no permito que ningun pensamiento negativo entre en mi mente, menos en contra de mi matrimonio, en lugar de pasarme el tiempo insegura de mi misma, he permitido que Cristo se adueñe de mi vida y me de la seguridad que necesito y vivir cada dia tomando su Gracia para enfrentar toda situación y seguir conquistando a mi esposo guardando su corazón.

La mujer de la que habla la Biblia (virtuosa), no critica las debilidades de su esposo, lo escucha y lo aconseja, la mujer virtuosa no divulga los errores de él, los problemas y mucho menos las debilidades de su esposo, ella sabe cuidar muy bien de él y sobretodo, su corazón juntamente con el de ella.

Así habrá un control para que no salga nada que pueda perjudicar a su esposo, aparte siempre aconseja de la mejor manera de su esposo, no impone ni le grita lo que debe hacer.

La sabiduría siempre esta en su boca y la transmite a su esposo, por eso el nunca carecerá de ganancias de ningún tipo.

El corazón de su marido está en ella confiado, Y no carecerá de ganancias.
Proverbios 31:11

Besos y abrazos que marcan la vida.

Nunca voy a olvidar el abrazo y beso de mi padre cuando cuando cumplí 10 años; estaba lista con mi vestido nuevo y un lindo peinado que mi mama me habia hecho, me encontraba afuera sentada esperando a mis compañeritas de la escuela.

Me parece que estaba un poco triste porque mi papa no llegaria a mi fiesta por su trabajo y estaba mirando hacia abajo, cuando de pronto vi unos zapatos frente a mi, eran los de mi padre!!!, fue un gozo que nunca olvidare, aparte de que me llevo un regalo muy especial, fue mas importante para mi su presencia, su abrazo y su beso que el mismo regalo.

Ahora puedo saber que tan importante es la presencia de un padre en las cosas importantes de los hijos, poderles llenar de amor y carino con besos y abrazos, hacerles saber que les amamos, que son importantes para nosotros.

Hablando con amigos y sus pasados o tristezas de su infancia, ha sido la falta de amor y cariño de sus padres, y si alguien recuerda algo bueno, es una expresión de amor con un detalle o palabras, abrazos y besos que nunca se olvidaran.

Tienes que saber que un beso y abrazo para tus hijos son el alimento para su alma, es como llenarles el tanque de la vida.

No permitas que la primer persona que se atraviese en la vida de tus hijos sea quien les brinde lo que tu no les pudiste dar; un beso, un abrazo serán su seguridad.

Mientras puedas, ofrece muestras de cariño a tus hijos, ellos nunca se olvidaran de ti.

Juan 17:26 "Yo les he dado a conocer tu nombre, y lo daré a conocer, para que el amor con que me amaste esté en ellos y yo en ellos".

Deducir produce muchos problemas.

Cuando estaba en mis vacaciones del seminario, planeamos dar un curso para maestras en la Iglesia, se trabajo duro consiguiendo matereal y todo lo que se requeria para ello.

Habia unas muchachas en el grupo y una de ellas no tomaron el curso, su decisión nos causo extrañeza ya que esperabamos que fuera una de las candidatas para ser maestras de niños.

Terminó el curso y se empezó a rumorar que solo mi familia hacíamos todo en la Iglesia y no dejabamos trabajar a los demás.

Esto nos causo un poco de tristeza, ya que no era así, acababamos de dar un curso precisamente para que los demás trabajaran y no se inscribio casi nadie, principalmente de los que esperábamos respuesta.

Pasaron años y notaba cierta distancia entre la chica y yo pero no podia saber cual era la causa, decidi hablar con ella y ella me dijo que desde aquel tiempo ella sentia que yo queria trabajar sola en la Iglesia y que por eso se aparto.

No podia creerlo!, porque nunca me dijo nada?, porque dejo pasar tantos años con eso guardado en su corazón que no le permitia hacer nada ni siquiera creo que estaba tranquila con ella misma.

Y he podido comprobar que que el deducir cosas nos atan de manos para el desarrollo como personas y relación con los demás.

Por eso quiero darte esta lección para que nunca permitas que las deducciones te lleven a actuar de una manera erronea. Cuando aprendi esta lección me puse a meditar y a tratar de notar esto en el transcurso de la vida, y me di cuenta que esto pasa muchas veces en un solo dia!.

Muchas veces actuamos de acuerdo a lo que creemos que el otro pensó, lo escucho muy seguido y es algo de lo que tenemos que darnos cuenta para no caer en este error que nos cierra puertas y rompe la relación con los demas, aun dentro de nuestro hogar.

Siempre asegurate de repetir lo que te dijeron para evitar una mala interpretacion de las cosas, por ejemplo: Si mi esposo saca sus camisas que faltan de planchar y yo interpreto eso a mi manera y le digo: Ahh, me quieres decir que soy una floja que no plancho? Y el me dice: No amor, solo quiero escojer una camisa para el domingo yo la puedo planchar.

Hay muchos ejemplos que a diario suceden a nuestro alrededor y que sin darnos cuenta actuamos sin pensar.

Lección: Nunca deduzcas algo que no ha pasado y no guardes nada en tu corazón; ambas cosas son muy malas y traen consecuencias.

Filipenses 3:17. "Pero la sabiduría que es de lo alto es primeramente pura, después pacífica, amable, benigna, llena de misericordia y de buenos frutos, sin incertidumbre ni hipocresía.

3:18 Y el fruto de justicia se siembra en paz para aquellos que hacen la paz".

No permitas que tu YO impida grandes bendiciones.

Una de las cosas de las cuales nunca me arrepentire, es la de servir al Señor. He conocido a personas decir que se arrepienten de servirle y aun de ser cristianos, indudablemente estas persnas han puesto sus ojos en el humano y no en Cristo. Han perdido el objetivo de lo que es una vida en Cristo.

Podrian decirme que no he vivido nada dificil que me lleve al grado de arrepentirme, pero creo firmemente que se debe a el tipo de convicción que tengas y de entrega a Dios principalmente aprender a morir a tu yo y aprender a vivir juntamente con Cristo muriendo a tu yo.

El conocer a Dios en lo mas profundo y comprobar quien es El, no dejara duda que el es todo en la vida y que sin El, nada sirve como dice 1 Corintios 13.

En la vida atravezamos muchas pruebas, celos, mal caracter, envidias etc., pero dejeme decirle que si se tratara de tirar la toalla por causa de ellas, ya lo hubiera hecho hace mucho tiempo.

Pero el darse cuenta que cada prueba es la mano de Dios moldeandonos y que todo lo que pase en nuestra vida es parte de lo que nos va a servir para nuestra misma experiencia dentro se la vida en El, nos hara fuertes en El y utiles para su servicio.

"Las pruebas son solo para recordarnos que Dios esta al tanto de nuestra vida y que no somos dueños de ella", es solo un recordatorio de que nosotros no podemos luchar solos y que le necesitamos a El.

Esta verdad me acompaña cada día de mi vida y recordando que el servir a Dios no es nada de lo que tenga que arrepentirme y deseo que el Senor me encuentre trabajando para el.

Creo que este capitulo es el que ha quedado en mi vida y el que me llevara a recordar que he muerto a mi y que Cristo es el que vive en mi, y si no fuera por esto, nada de lo que he vivido seria una leccion para mi crecimiento; aun vendran mas cosas que indudablemente seran lecciones fuertes o no, pero se que cada una de ellas formaran parte de mi vida para la honra y Gloria de mi Dios.

Una herida sanada.

La siguiente lección es en mi opinión la más difícil de compartir. Sin embargo, quiero compartirla para que las diferentes mujeres que lean esta lección sean advertidas del peligro de los hombres y mujeres sin principios ni temor de Dios.

Servíamos al Señor en un nuevo lugar, un hombre que se hacía pasar por "pastor", nos invitó a trabajar en su "ministerio". El al principio fue muy generoso con nosotros; nos apoyó en amueblar la casa y darnos un lugar cómodo para vivir.

En esa época estábamos batallando para salir adelante con los gastos así que este "pastor" me ofreció un trabajo de secretaria en su oficina. Al principio me pareció una excelente idea de para apoyar a mi esposo en los gastos del hogar, ya que sería solo por unas horas al día mientras los niños estaban en la escuela, el cual me daría tiempo para cumplir con mis responsabilidades de madre y esposa.

Todo era perfecto, pero de repente tenía un mal presentimiento cuando este "pastor" me miraba de tal forma que me incomodaba.

Pero obviamente no podía ser!, estamos hablando de un pastor!. Un día, el "pastor" me llamó a su oficina, pues me dijo que quería hablar conmigo a solas, un frio recorrió mi cuerpo avisándome que algo no estaba bien; aun así, trataba de convénceme de que por ser un "pastor" no debería de tener ningún peligro; pero cuál fue mi sorpresa que cuando cerró la puerta, la cerró con llave e intentó besarme; en ese momento le amenacé diciéndole: "Si no me deja salir, ¡¡¡GRITO!!!" en ese momento el hombre se asustó, y salí corriendo a mi casa. Todo ese día fue una tortura para mí, un verdadero suplicio. Mi marido me preguntaba que me pasaba, pero yo solo le decía que nada. Hasta que al día siguiente, no pude soportar más y le conté lo que sucedió.

Mi esposo hablo con los lideres de la Iglesia, claro que hubo muchas personas que no creyeron tal situación pero finalmente descubrimos que no había sido yo el único caso de acoso y abuso de esta persona que por 20 años había practicado usando la "consejería" y proporcionando "trabajos". Este hombre salió huyendo hacia los Estados Unidos.

La lección que quiero compartirte, es que debes de tener cuidado de este tipo de personas mal intencionadas, sean hombres o mujeres, tengan el cargo que tengan y que hagas caso a los sentimientos que te producen esas miradas que no tienen nada de buenas y desde que las percibas platícalo con tu marido pues es la protección que Dios ha puesto a tu lado.

Puede ser que no te crean y que te sientas culpable, esto es normal; atrévete a hablar y sacar todo lo que este dentro de ti para que tu corazón sane pronto y puedas descansar dentro de ti.

Dios nos ha mandado a cuidar nuestros corazones y el de nuestros esposos.

Proverbios 4:23. "Sobre toda cosa guardada, guarda tu corazón; porque de El mana la vida.

Prueba y comprueba

En los últimos tres años he dedicado mucho tiempo a ayudar a buscar contactos para algunos amigos que necesitan a alguien en sus países para ir a testificar a algún familiar en otro país o Estado.

Este trabajo me ha apasionado mucho porque siento que es una manera muy eficaz de ayudar.

Entre otras cosas el Señor me ha usado para conversar con algunas amigas que han pasado por algunos problemas, unas más fuertes que otras y una vez más rectifico que la oración es la única arma y respuesta que podemos usar y en la que podemos confiar.

"Mary" amiga de unos 20 años atrás, ella me compartía que estaba viviendo un tiempo muy difícil, luchando con su autoestima con "ayuda" de su esposo.

Este caso fue difícil para mí porque no dependía de ella, su vida al principio estaba muy desalentada y deprimida, pero fue tomando confianza en Dios y recordando que el Señor tenía control de todo, después de unos días de conversación, parecía que todo se derrumbaba, prácticamente estaba deshecho su matrimonio.

Nos pusimos en oración día a día, pidiendo sabiduría, animándole cada que nos encontrábamos en el internet.

Finalmente, después de casi dos años de oración, el Señor trajo respuesta a su vida, ahora ella dice:,(*Dios ha vuelto mi lamento en gozo, gracias x tus oraciones. y a ver si me incluyes en tu libro jaja, felicidades por ello. Y sabes?, cuando parece que todo está, terminado Dios dice: ahora me dejas actuar a mí?, y sabes?, cuándo te enamoras realmente de Dios y dejas todo a un lado, el toma el control, sana tus heridas y te regala una sonrisa cada mañana.)*

Estas son palabras literales de ella, me pareció un excelente ejemplo vivo de muchas de las cosas que comparto en este libro y compartir que cuando tienes **pruebas,** tendrás la oportunidad de **<u>Comprobar</u>** sus promesas y su mano poderosa cuando le dejamos actuar en cada una de ellas.

Que el Señor nos siga usando para su Gloria!

Hechos 9:15 "Pero el Señor le dijo: Ve, porque él me es un instrumento escogido, para llevar mi nombre en presencia de los gentiles, de los reyes y de los hijos de Israel"...

Señor, yo iré.

Esta última lección me ha servido a reafirmar el llamado que Dios me hizo hace muchos años.

Wilson Campoverde es un profesor, evangelista, pastor y mucho mas!!, este querido hermano nos caso a mi esposo y a mi; lo conocí como profesor en el Seminario Bíblico Rio Grande, después fue pastor también y poco a poco comenzó a ser usado por Dios en gran manera en Campamentos para jóvenes, familias, etc.

Wilson tiene un Don del Señor para enseñar tremendo, él fue quien motivo mi vida con la Palabra de Dios en un campamento para jóvenes, Dios le uso definitivamente para hablarme y hacerme ver que no fui creada para andar como "guajolote" siendo águila!.

Su vida se volvió cada vez más y mas ocupada, tenia muchas invitaciones a muchos lugares del mundo, me entere que aparte de todo lo que hace, cada domingo viaja de Mc Allen a Monterrey a atender un grupo nuevo allá.

Recientemente, después de llegar de una semana agitada en Guadalajara, Wilson tuvo un Aneurismo (ruptura de venas en el cerebro) fue algo repentino que sorprendió a todo mundo; nos levantamos con la noticia que le daban un 5% de vida, ya que su cerebro estaba ensangrentado.

Los doctores expertos en el tema sabían que era imposible tener buenas noticas, cuando le vieron hablar y reaccionar positivamente, no daban crédito a lo que veían.

Esta noticia fue muy impactante para todos, nos pusimos de inmediato a orar y hacer cadenas pidiendo por un milagro para Wilson, mi oración era: "Dios, este guerrero aun no tiene que irse!!!", perdónanos porque cada uno de nosotros deberíamos llevar un poco de la carga de el para ser mas ligera.

Él está a cargo de más de 30 iglesias al rededor del mundo, y resulta que nuestros miembros se encelan porque su pastor visita otras iglesias, porque va a otros lugares, porque no se les visita.

Porque tenemos que esperar que pasen estas cosas tan dolorosas para reflexionar en que Dios puede usarnos a muchos, que también podemos ir a llevar el mensaje a los demás.

Creemos que no tenemos el don que tienen otros y por eso no salimos.

Es verdad que cada uno tiene un toque especial, pero también debemos creer que Dios puede usarnos, el solo quiere saber si estamos dispuestos.

Había momentos que le decía a Dios: "Por favor Dios, sánale, si tan solo pudiera darle mi cerebro...", pero luego pensaba, de que le serviría un cerebro hueco!!?

Hoy día nuestro hermano Wilson, increíblemente se recupera de una operación de su cerebro va desinflamando poco a poco y todo va tomando forma nuevamente. Es un milagro!.

Una vez más le digo a Dios. Señor, Yo iré; Envíame a mi.

Habla, Señor, que tu siervo escucha (I Samuel 3, 1-20)